나쁜 아이는 없다

나쁜 아이는 없다

2025년 9월 10일 초판 1쇄 발행
글 오인태 편집 김인섭 디자인 김헌기
펴낸이 우현옥 펴낸곳 책고래 등록 번호 제2015-000156호
주소 서울특별시 서초구 강남대로12길 23-4, 301호(양재동, 동방빌딩)
대표전화 02-6083-9232(관리부) 02-6083-9234(편집부)
홈페이지 www.dreamingkite.com / www.bookgorae.com
전자우편 dk@dreamingkite.com
ISBN 979-11-6502-225-9 03800

© 오인태 2025년

* 이 책의 출판권은 책고래에 있습니다.
* 책값은 뒤표지에 있습니다.

나쁴 아이는 없다

-어린이와 시의 비밀

글 오인태

책고래

차례

책 머리에   알아야 보이고, 보여야 가르친다   008

1장   어린이시를 읽는 세 개의 코드

       어린이시, 아동성, 시성   015

2장   어린이의 자아의식

       동일화의 심리   025

       자기중심성의 균열   030

       비판적 자아의 형성   036

       성적 자아의 형성   043

       사회적 자아 · 관념적 자아   050

3장   어린이의 관계 인식

개인적 상관체에서 사회적 상관체로   063

발달한 사회성, 결핍된 서정성   072

자아와 대상의 맞섬, 무너지는 시   081

4장   어린이의 언어

혼잣말, 자아가 자아에게 말 걸기   091

사회적 언어, 자아가 타자에게 말 걸기   103

산문적 사고, 시적인 산문   110

규범화된 언어, 시어의 실종   118

시어, 일탈 언어   126

책을 먼저 읽고   어린이와 시, 그 비밀의 문을 열다   133

책 머리에
알아야 보이고, 보여야 가르친다

    시, 동시, 산문, 평론, 시사 글을 꽤 오랫동안 써왔지만, 아직도 만만하지 않은 게 동시 쓰기다. 시는 시만 알면 쓰지만, 동시는 어린이도 알고, 시도 알아야 쓸 수 있기 때문이다. 그래서 시인들 사이에는 동시 쓰기가 가장 어렵다는 말이 나돈다.
    나도 그랬다. 이십 대 초반에는 동시와 동화를 썼는데 교직에 나와서는 동시와 동화 둘 다 접을 수밖에 없었다. 어려워서다. 숲 안에서는 숲을 볼 수 없듯이 정작 아이들 곁에서는 아이들이 보이지 않았다고나 할까.
    이십 년 남짓 초등교사를 하다가 저학년 담임을 맡고, 대학원에 가서 아동 관련 연구를 하면서 어렴풋이나마 아이들이 보였고,

《어린이문학》에 동시를 추천받아 동시를 쓰기 시작했다. 동시집 연간 평을 쓸 만큼 동시 평론도 겁 없이 써댔다.

동시와 어린이시는 다르다. 동시는 어른인 동시 창작자가 어린이를 위해 쓴 시이고, 어린이시는 어린이 스스로 쓴 시이다. 동시는 동심을 쫓아 쓰고, 어린이시는 아동성에 따라 쓴다.

이 책은 어린이시, 곧 아동성에 대한 연구 결과를 담고 있다. 연구에서 아동을 아동답게 하는 아동성과 시를 시답게 하는 시성(詩性)이 일치한다는 것을 밝혀 '어린이시의 생성 심리와 표현상의 특징'이라는 제목을 단 논문으로 박사 학위를 받았다.

아이들에게 가장 익숙하고 손쉬운 표현 도구가 말과 그림이다. 그런데 어른들은 이를 보아줄 능력도 관심도 없이 오로지 자신들의 생각과 표현 방식을 '교육'이라는 미명으로 아이들에게 강요하고 있다. 이래서는 교육이 제대로 될 리 없다.

이 연구는 얼마나 아이들의 사고가 변질되지 않은 채로 오롯이 담겨있는 자료를 확보할 수 있느냐에 성패가 달렸다. 아이들을 직접 지도하면서, 교대 '쓰기·문학' 강좌 수강생들의 도움을 받으면서 수집한 어린이시는 1만여 편. 이 가운데서 베낀 것으로 보이거나, 교사나 학부모가 개입한 것으로 추정되거나, 이미 문집을 통해 발표된 것이거나, 같은 제목으로 반 모두에게 과제로 내준 것이나, 중복되거나 학교와 아동 이름이 빠진 것을 모두 추려내니 2천여 편이 남았다. 여기서 학년별, 지역별 표본 기준에 따라 최종 사례로 삼은 시는 535편이다.

교육 연구는 대개 교육 내용, 곧 교과 지식이나 교육 방법에 관한 것이 대부분이다. 교육 대상인 아동에 관한 연구는 거의 없다. 아동 연구는 현장에서 직접 아동을 마주하면서 관찰하고, 임상적으로 분석하고, 연관 분야 학문을 통섭하여 검토하지 않으면 할 수 없기 때문일 것이다.

논문을 쓰기까지 초등교사 20년 현장 경험에 동시, 동시 평론 등 아동문학 창작과 지도 경험을 바탕으로 교육학, 심리학, 아동학, 언어학, 문학 등 연관 학문을 살피면서 어린이시, 어린이시 교육에 대한 이론 체계를 세웠다. 무엇보다 초등교사가 아니었다면 이 연구는 엄두도 못 냈을 것이다.

나는 초등교사의 전문성은 교과 지식이 아니라 교육 대상인 아동에 대한 이해에 있다고 역설해 왔다. 모름지기 초등교사는 구성주의 교사가 되어야 한다고 강조하고 있다. 구조주의가 지식 중심이라면 구성주의는 학습자인 아동 중심 교육관이다.

아이를 모르고서 어떻게 아이들을 가르칠 수 있겠는가. 이건 교사만의 문제가 아니라 자식, 특히 어린 자식 키우는 모든 부모에게 해당하는 문제다.

나쁜 교육은 있을 수 있어도 나쁜 아이는 없다. 아이는 그냥 아이일 뿐이다.

이 책이 나오기까지 가장 큰 공로자는 아이들이다. 아이들 문제에서만은 아이들이 늘 내 스승이었다. 이 책이 어린이를 단지 '덜 된 어른'으로서가 아니라 어린이 그 자체로서 고유성을 지닌 존재로 인정하고 존중하자는 주장에 좀 더 설득력 있는 근거를 보태게 된다면 더 이상 바랄 게 없겠다.

2025년 9월

오인태

1장
어린이시를 읽는 세 개의 코드

> 동심은 다분히 문학의 관점에서 아동에 대해
> 어른들이 유추한 주관적인 견해이지, 아동심리학에 근거하여 분석한
> 어린이의 고유한 인지 특성인 아동성이 아니다.

어린이시, 아동성, 시성

　어린이시는 '어린이 스스로 아동성에 따라 쓴 시'다. 아동시 또는 어린이시를 '어린이가 직접 쓴 시'로 정의하는 것에 아동성이라는 전제조건을 하나 더 다는 셈이다. 아동성은 어린이시의 또 하나의 부수적인 조건 정도가 아니라 반드시 있어야 할 필수조건이다. 어린이가 쓴 시라도 아동성에 따르지 않고 어른이 쓴 동시를 모방하여 쓴 시는 어린이시가 아니다. 그건 말 그대로 동시 모작 또는 동시 습작일 뿐이다.
　어린이시는 동시와 다르다. 동시는 어른이 어린이를 위해 쓴 시다. 이때 매개물인 동심은 어른들이 임의로 설정한 것일 뿐, 아동성과 같은 말이 될 수 없다. 동심은 다분히 문학의 관점에서 아동에 대해 어른들이 유추한 주관적인 견해이지 아동심리학에 근거하여 분석한 어린이의 고유한 인지 특성인 아동성이 아니다.

동심은 어른에게도 있을 수 있지만, 아동성은 어린이에게만 있는 인지 특성이자 성향이다. 아동학자들이나 아동심리학자들이 분석한 아동성이 대체로 일치하고 일찌감치 합의되어 두루 적용되는 데 비해 동심에 관한 규정이 문학 연구자들이나 아동문학 창작자마다 중구난방으로 다른 현실은 이런 사실을 뒷받침한다.

어린이의 인지 발달과 특성을 연구한 대표적 구성주의 학자인 피아제와 비고츠키는 아동성, 즉 어린이들의 고유한 인지 특성을 크게 동일성, 현재성(평면성), 집중성으로 분류하여 파악했다. 놀랍게도 시의 속성과 정확히 일치한다.

어린이시의 본보기로 종종 거론되는 어린이시 두 편을 읽어보자.

딱지 따 먹기를 할 때
딴 아이가
내 것을 치려고 할 때
가슴이 조마조마 한다.
딱지가 홀딱 넘어갈 때
나는 내가 넘어가는 것

같다.

-강원식, 「딱지 따 먹기」(4학년 어린이시)

오줌이 누고 싶어서
변소에 갔더니
해바라기가
내 자지를 볼라 한다.
나는 안 비에 줬다

-이재흠, 「내 자지」(3학년 어린이시)

    동일성은 자아와 대상을 동일체로 보는 인식이다. 동일성은 자기중심성의 심리가 기제로 작용한 것인데, 어린이의 자기중심성은 타자, 또는 대상에 대해 배타적인 것이 아니라 대상과 자아를 동일체로 보는 인지 특성이다. 이 동일성이야말로 시 정신이자 서정성의 원리다. 김준오는 "서정시의 장르적 특징은 무엇보다도 시 정신 또는 시적 세계관이나 비전에서 발생한다. 서사나 극과 구분되는 시 정신은 단적으로 말해서 자아와 세계의 동일성에 있다. 여기서의 동일성이란 자아와 세계의 일체감이다"라고 했다.

    모든 사물에 생명을 부여하는 어린이들의 물활론적 인식도 동일성에서 비롯되었다. 이 시에서도 두 어린이는 대상인 '딱지'와 '해바라기'를 자아와 동일한 인격을 가진 생명체로 인식하고 있다. "딱지가 홀딱 넘어갈 때 내가 넘어가는 것 같다"고 했고, "해바라기가 내 자지를 볼라 하는데 나는 안 비에(보여) 줬다"고 했다. 이렇게 대상을 자아와 동일화하여 시적 서정성을 발휘하는 자질을 어린이들은 아동성, 즉 동일성 그 자체로서 가지고 있다.

현재성(평면성)은 모든 시간을 현재화하고 평면적으로 인식하는 어린이의 인지 특성이다. 어린이들은 과거의 시간까지 현재화하며, 보이지 않는 부분까지 한눈에 볼 수 있는 평면상에서 인식하고 표현한다.

어린이들의 그림이 사뭇 도형적으로 표현되는 것도 평면적 인식에서 비롯된 것이다. 어린이들의 인지 특성 가운데 하나인 현재성이 어떻게 시적 자질이 될 수 있는가.

"서사 장르가 전체성에, 극양식이 운동에 그 본질이 있듯이 서정 장르는 순간에 그 본질이 있다"는 폴 헤르나디의 말처럼 시의 시제는 본질적으로 현재형이다. 시는 체험하는 순간의 감정을 포착해 표현하는 문학 갈래다. 시의 시제는 체험하는 순간을 현재로 하는 시제로 쓰는 것이 원칙이다. 시의 서술은 경험의 시간을 서술의 시간으로 현재화한다. 경험의 시간과 서술의 시간을 일치시킨

다는 말이다. 어른들은 시제 진술의 혼란상을 보이는 경우가 종종 있지만, 어린이들은 거의 현재형으로 시를 쓴다.

시를 쓴 두 어린이도 '딱지치기'는 서술 이전 시점의 경험이지만 '조마조마 한다'고 썼고, 오줌을 누러 갔던 일도 과거 경험인데도 '볼라 한다'고 표현했다. 과거의 경험이라 할지라도 현재의 경험으로, 또 보이지 않는 사물도 현재 보이는 사물과 동일한 평면상에서 인식하는 인지 특성 때문이다.

'집중성'은 지각의 중심에 놓인 것에 집중하고 몰두하는 어린이들의 의식 성향이다. 「딱지치기」를 쓴 어린이도 얼마나 그 일에 몰입했으면, 딱지가 넘어가는데 마치 '내가 넘어가는' 것처럼 인식했겠는가.

생활 속에서 어린이들을 관찰하면, 장난감을 가지고 논다든지, 컴퓨터 게임을 한다든지 하는 데서 어린이들의 무한한 집중과 몰입에 놀랄 때가 있다. 시는 시인의 시적 자아가 대상에 완전히 몰입하여 마침내 자아와 대상이 하나가 된 순간에 탄생한다. 시가 한순간, 하나의 모티브에 집중되고 압축되어 함축적으로 표현되는 것도 이 때문이다. 헤겔은 서사의 '확장'과 대비시켜 서정 장르를 '집중'으로 기술했다.

어린이들이 가지는 동일성, 현재성, 집중성은 시의 결정적인 조건이다. "어린이는 모두 시인"이라는 말도 여기서 나온 것이다. 아동성 그 자체로서 이미 시인인 어린이들이 쓴 어린이시를 시로 인정하지 않는 것은 억지일 뿐이다. 시를 정의하면서 어른이, 그것도 전문창작자가 쓰는 것이라는 조건을 붙이지는 않는다. 오히려 동시는 어린이의 세계, 즉 아동성을 동경하여 모방하는 것이 아닌가.

어린이시를 읽는 세 개의 코드

2장
어린이의 자아의식

사회적 자아의 사회인지는 사회적 행위로 이어진다.
사회인지는 개인과 개인의 사회적 관계뿐만 아니라 국가와 민족과 같은
대사회에 대한 인식과 가치관으로까지 나아간다.

동일화의 심리
−1학년의 시적 자아

　작가가 창조한 인물과 인물이 서로 관계를 맺고 사건을 구성해 가는 문학이 이야기라면, 시는 시인의 자아와 대상이 직접적인 관계를 맺는 문학 갈래다.

　시적 자아는 비록 시의 화자가 다른 탈(페르소나)을 썼다 하더라도 시인 자신의 자아나 다름없다. 어린이시에서는 시의 화자를 달리 설정하는 일이 없이 어린이의 자아가 바로 시적 자아, 또는 시의 화자가 된다.

　어린이시는 시를 쓴 어린이의 자아의식과 대상과의 관계 인식이 언어로 표현되어 그대로 드러나기 마련이어서 '자아'와 '대상'과 '언어' 가운데 어느 하나라도 빼고서는 본질을 규명하기 힘들다. 이 세 가지는 시 쓰기에 직접 관여하는 요소다.

빨래는
빨래줄에 걸면
어깨가 안아플까
또 찌게가 꽉 꽤물
었을땐 진짜 안아
플까
나는 아프겠다.

-1학년 어린이시, 「빨래」

운동장은 좋겠다
월 화 수 목 금 토
맨날맨날친구들이많으니까
운동장은 안좋겠다
일요일에는나도
친구업서 심심한데
운동장은더심심하겠다

-1학년 어린이시, 「운동장」

「빨래」는 대상을 자아의 감정, 곧 '아픔' 안에 끌어들이는 동화를 통한 동일성을, 「운동장」은 대상에 자아를 투사하여 자신의 '심심함'이라는 감정을 이입함으로써 동일성을 가지게 된 본보기다. '빨래-나'가, '나-운동장'이 동일체가 되어있다. 피아제가 말하는 동화와 조절이다.

　동화든 투사든 결국은 자아와 대상이 하나가 된 상태, 곧 동일체의 모습으로 나타난다. 피아제는 "유기체가 환경에 대해 어떻게 반응할 것인가를 결정하는 이해의 틀, 즉 도식을 가지고 있는데, 동화를 통해 새롭게 이해해야 할 도식을 자기가 가지고 있는 기존의 도식에 맞추기도 하고, 조절을 통해 기존의 도식을 변화시켜 새로운 도식에 맞추기도 한다"고 보았다. 어린이들은 동화와 조절을 통해 끊임없이 사고의 균형을 추구한다. 이것이 평형화다. 어린이의 도식은 늘 하나의 도식만 존재하는 셈이다. 동화와 조절, 평형화가 바로 자아와 대상을 쉽게 동일체로 인식하는 동일성의 심리적인 기제로 작용하는 것이다. 이것은 매우 순간적이고 직관적이다.

　　무엇을 할까 그래 장난감 가지고 놀자
　　근데 시시 할것 같다 그래 그 놀이를

하자 그놀이는 꼭꼭 숨어라야 근데
친구가 없내 어~ 그러면 않이야
그양 친구내 집에 집접가서 놀아야겠다.
않돼 친구내집에 가면 않될걸
엄마가그러실거야 않놀아야
지그야잘래그럼 안녕

-1학년 어린이 시, 「무엇을 할까」

「빨래」와 「운동장」이 동화와 조절 가운데 한 가지 방법으로 평형화 또는 동일화가 대번에 실현된 것에 견줘 「무엇을 할까」는 어린이의 순간적인 동일화가 짧은 순간에 매우 빠르고 복잡한 심리 기제가 작용한 결과라는 것을 보여준다. 이 어린이는 '혼잣말'을 통해 "무엇을 할까/그래 장난감 가지고 놀자/근데 시시할 것 같다", "친구네 집에 직접 가서 놀아야겠다/안 돼", "엄마가 그러실 거야 (그럼) 안 놀아야지/그냥 잘래"라며 동화와 조절, 평형화의 과정을 매우 긴박하면서도 적나라하게 보여주고 있다.

여기서 대상은 '꼭꼭 숨어라'라는 놀이이며 이 놀이는 '친구와 함께 하는 것'이라는 것이 어린이의 의식 속에 있는 기존 도식이다. 만약 이 도식에 따라 (친구가 옆에 없으니) 친구네 집에 가서 놀이를 했다면 어린이의 의식에서는 동화만 있게 되고, 이렇게 시가 매듭지어졌을 것이다. "(친구와 같이 놀이를 하니) 참 재미있었다."

    동화가 진행되는 과정에서 '엄마'라는 억압 기제가 나타난다. 아동정신분석학의 창시자라 불리는 안나 프로이트의 정신분석 개념에 따르면 엄마라는 존재에 의해 가해진 억압은 외부 기제가 아니라 이 시를 쓴 어린이 자아의 내부방어 기제에 해당한다. '친구네 집에 가서 놀이를 하고 싶은' 원본능을 '억압'이라는 자기방어 기제로 억누른 것이다. 이를 억제한 것은 엄마가 아니라 어린이 자신의 자아다. 피아제 이론을 빌리면 이 어린이는 자아 내면의 동화, 조절을 통해 평형화를 유지한 것이다. 그 결과가 "안 놀아야지. 그냥 잘래"라는 표현이다.

    여기서 매우 흥미로운 지점이 있다. "그럼 안녕"이란 끝부분인데, 누가 누구에게 '안녕'이라고 말하는 것인가? 어린이의 자아가 자아에게 한 말이다. 4장 '어린이의 언어'에서 그 이유를 알게 될 것이다.

자기중심성의 균열
-2학년의 시적 자아

    2학년 어린이들은 전조작기 단계에서 구체적 조작기로 넘어가는 경계 지점에 서 있다. 피아제는 전조작기와 구체적 조작기의 경계를 유치원생, 또는 1학년 정도의 나이로 보고 있으나 어린이시에서는 2학년이 되어야 비로소 구체적 조작기의 특징이 나타난다. 어린이들이 문어보다 구어를 먼저, 쉽게 습득하는 데 따른 현상으로 보인다.

    구체적 조작기의 인지 특징은 모든 대상을 자기중심적으로 받아들이던 전조작기에 비해 대상을 객관적으로 파악하는 인지 조작 능력을 가지게 된다는 점이다. 이는 구체적 상황과 구체물에 대한 경험을 통해서만 가능하다. 이러한 인지능력은 대상을 자아로부터 분리하는 원인이 된다. 자기중심성의 균열은 시에서 결국 동일성의 와해로 나타난다. 2학년 어린이시 읽기의 중요한 관점이다.

> 허수아비야 너 몸안에 어떻게 되어있니
> 벼가 있니 솜이 있니?
> 솜이 있니?
> 나는 내 몸에 벼가 있어.
> 허수아비야 솜이 있으면
> 춥지 않겠지?
> '나는 추운데'
>
> -2학년 어린이시, 「허수아비」

마치 1학년처럼 대상, 곧 허수아비를 자아의 '추움'이라는 감정 안으로 끌어들이는 동화의 심리 기제를 통해 '허수아비'와 '나'를 동일화하고 있다. 흥미로운 점은 "나는 내 몸에 벼가 있어"라는 표현이다. 여기서 해석이 엇갈릴 수 있다. 발화의 주체를 허수아비로 보느냐, 시적 자아, 곧 어린이로 보느냐에 따라 시의 의미맥락이 달라진다. 어린이시, 특히 저학년 시를 관찰한 바에 따르면, 자아의 발화로 보는 것이 더 타당하리라는 생각이 든다. 아직 자아와 대상을 동일화하는 사고를 하고 있어서 시적 자아가 허수아비의 입장으로 전환하여 "나는 내 몸에 벼가 있어"라고 말하기 어렵겠다고 여겨지기 때문이다. 부모나 교사에게 벼가 밥의 재료인 쌀이라는 설명을 들은 듯하다. 이 시는 2학년 어린이가 쓴 시로서는 좀 특별한 양상을 띠고 있다. 같은 학년의 다른 어린이들이 대체로 '탈집중화'에 접어든 반면, 아직도 자기중심성이 강한 데다 허수아비를 인격체로 인식하는 물활론적 사고 경향까지 보인다.

> 빨간, 노랑 색깔 별로 있다.
> 매일 떨어지고 옷도 안 입었는데,
> 춥지 않을까? 내옷을 빌려줄려
> 해도, 내가 너무 추워서 못주겠다.
> 단풍잎은 추워도 다쳐도 아무렇지
> 않은 표정으로 나를 보는 것 같다.
>
> -2학년 어린이시, 「단풍」

주룩주룩 비가오네 저기앞에 우리 오빠가
막뛰어오네 학원끝 마치고오나 보다
우산을들고오빠한테 갈까말까

나는망설인다 그러는 사이에

우리오빠집에왔네

괜한 헛고생을 할지도 몰랐을까?

아닐까? 생각하는 나

-2학년 어린이시, 「우리 오빠」

「단풍」을 쓴 어린이는 반응적 주의 집중과 자기중심성에 따라 쉽게 동화와 투사를 통한 동일성을 보이던 자기중심적 자아기의 어린이들과는 달리 자아와 대상을 서서히 분리하기 시작한다. "매일 떨어지고 옷도 안 입었는데, 춥지 않을까?" 하면서도 "내 옷을 빌려줄려 해도, 내가 너무 추워서 못주겠다"고 한다. "단풍잎은 추워도, 다쳐도 아무렇지 않은 표정으로 나를 보는 것 같다"고도 하는데, 이는 '나무는 옷을 입지 않아도 추위를 못 느끼는 존재'라는 것을 지각하기 시작했음을 보여준다. 시의 앞부분에서 언뜻 보이는 물활론적 사고조차도 서서히 과학적인, 또는 논리적인 사고로 전환될 것이다.

「우리 오빠」를 쓴 어린이도 자기중심성의 균열 현상을 보인다. "우산을 들고 오빠한테 갈까 말까", "망설이는 사이에" 오빠는 집에 와버렸고, "(내가 우산을 가져갔더라도) 괜한 헛고생을 했을 게 아닐까? (아니면, 헛고생은 아니지 않은 게) 아닐까?" 하고 '생각하는' 자아의식을 드러내고 있다.

2학년 어린이들은 1학년 어린이들이 반응적 자기중심성으로 곧잘 동일성을 이루던 것과는 달리, 동화와 조절의 과정이 쉽지 않은, 곧 치열한 갈등 과정을 거치는 것임을 보여준다. 그러면서 점차 자기중심성에 균열이 일어난다. 자아와 대상을 서서히 분리하기 시작한다. 1학년 어린이들은 대체로 반응적 자기중심성을 가진 자기중심적 자아인 데 견줘 2학년은 비판적 자아, 또는 분리형 자아로 넘어가는 과도기적 양상을 보인다.

자기중심성의 균열은 자아와 대상을 분리해서 바라봄으로써 일어나는 현상이다. 이 시기의 특징적 자아 유형을 비판적 자아와 함께 분리형 자아라 이름 붙인 것도 이런 까닭이다. 분리형 자아는 대상과 자아를 분리해서 대상 혹은 자아에 대해서도 관찰자의 자리를 유지하고 사물의 속성이나 상황을 논리적으로 따지기 때문에 관찰자적 자아, 또는 논리적 자아라고도 할 수 있다.

대상과 자아를 분리하는 의식은 시에서 동일성의 결속력이 떨어지는 양상으로 나타난다. 다만 여전히 자기중심성을 잃지 않은 데다 대상을 동일체로 보든, 분리해서 보든 한 가지 대상을 자아의 내면세계로 집중하고 있어서 시의 동일성과 집중성이 뚜렷하게 무너진 것으로 보이지는 않는다. 시는 속성상, 생의 한 단면을 순간적으로 포착하는 것이어서 집중성과 더불어 현재성은 여전히 유지되고 있다. 이런 사실은 앞에서 예를 든 모든 시가 일관되게 하나의 사물과 사태를 대상으로 하여 현재형 시제로 서술되고 있다는 점에서 그대로 나타난다.

비판적 자아의 형성
-3학년의 시적 자아

피아제의 인지 발달 단계에 따르면 3학년은 구체적 조작기에 해당한다. 이 시기 어린이는 어느 정도 논리와 추리력이 생기면서 뚜렷한 탈집중화와 함께 가역적 사고, 서열화가 가능해진다. 그러나 사고가 오로지 현실에 바탕을 두고 있으며, 현실 속에서 몸으로 직접 보고, 듣고, 느끼고, 부대낀 대상이나 경험에 매여있다.

친구가 싸웠다
보이면 않되서
화장실에서 싸웠다
한 친구는

뒤에서 때리고

한 친구는

놀리고

아주 심한 싸움이다

또 싸운다

이번에는 형이 왔다.

싸움을 말렸다.

둘 다 다쳤다.

3-3반 선생님한테

혼났다.

싸움은 안 좋다.

-3학년 어린이시, 「싸움 구경한 날」

집에 가려는데

저 앞에 깡패들이 있다.

깡패들이 골목길에서

돈 내놔 할까봐

깡패들이 없는

큰길로 간다.

난 이제부터

누가 뭐래도

돈 안 주겠다.

-3학년 어린이시, 「좁은길 깡패」

1학년이나 2학년 어린이의 시적 자아는 주로 반응적 자기중심성에 따라 쉽게 대상과 자아의 동일성을 이룬다. 반면, 3학년 어린이들은 대상을 논리에 따라 판단하고 이리저리 따지며 수용할 줄 아는 사고능력을 보여준다. 「싸움 구경한 날」의 어린이는 대상인 '싸움'이라는 실제상황을 줄곧 멀찍감치 지켜보다가 끝에 가서 "싸움은 안 좋다"고 결론짓는다. 「좁은길 깡패」를 쓴 어린이도 깡패에게 쉽사리 돈을 내주지 않는, 나름대로 자기 기준과 이치에 견주고 따진 끝에 길을 선택한다. "깡패들이 없는 큰길로 가는" 방법이다. 그리고 "난 이제부터 누가 뭐래도 돈 안 주겠다"고 다짐한다. 반응적 자기중심성에 따른 것이 아니라 대상을 자기 기준으로 따져보는 자아의식, 이를테면 비판적 자아의 모습이다. 이 시기의 자아를 '비판적 자아'라고 한 까닭이다. 비판적 자아는 주관이 매우 뚜렷해서 종종 대상에 대해 극한 반발과 반항 의식을 드러내기도 한다.

    학교 안 가고 싶어
    거짓말 1번 했는데
    집에서 쫓겨났다

    울고 있는데
    아버지께서 오라고 하셨다
    혼날까봐 말 안했다
    TV 보는 척
    가만히 있으니
    아버지께서 물었다

    슬프니?
    그런데 말을 안했다
    그래서 또 혼났다

                             -3학년 어린이시, 「거짓말」

나는 글짓기가 지겹다.

글감도 떠오르지 않았다.
무엇을 쓸지도 생각나지 않는다.
나는 글짓기가 너무 지겹다.

-3학년 어린이시, 「지겨운 글짓기」

비판적 자아의 비판의식과 반발을 보여주는 두 시 가운데, 특히 어린이시 교육을 담당하는 초등 문학교사가 유심히 살펴야 할 시가 있다. 「지겨운 글짓기」다. 어떻게 글짓기를 지도했기에 이런 시가 나왔을까마는, 시를 쓴 어린이의 시적 자아는 꽤 건강하다고 볼 수도 있겠다. 이 시기 자연스러운 자아 유형인 비판적 자아를 뚜렷이 지니고 있어서다.

개구쟁이 내 동생
심부름은 잘하지만 물건을 놓고 온다.
어머니께는 잠꾸러기
어머니가 일어나라하면 신경 끄셔 라고 말을 하는 내 동생
아버지를 닮아 삐기쟁이
어머니께서 뭐라고 하시면 흥 무조건 흥

-3학년 어린이시, 「내 동생」

개구쟁이 내 동생

심심하면

나를 문다

내가 빵으로 보이나보다

개구쟁이 내 동생

내가 누워있으면

내 등에서 말타기놀이를 한다

내가 말로 보이나 보다

-3학년 어린이시, 「개구쟁이」

  이런 유형의 시는 3학년 어린이의 시에서 흔히 볼 수 있다. 이오덕도 지적했다시피 어른들이 쓴 동요와 동시에 영향을 받은 어린이시의 문제 가운데 하나로, '쟁이형 시'의 전형이다. 이오덕은 《아동시론》에서 매너리즘에 빠진 어른들의 동요와 동시의 세계가 아동 작품에 끼친 영향과 병폐를 말하면서 '지요'형, '고요'형 외에 '좋겠네'형, '인가 봐'형, '거야'형, '바보'형, '엄마 아빠'형 따위를 들었는데, '장이' 또는 '쟁이' 형은 '바보'형의 예를 들면서 지적한 유형이다. 초등 문학교육 과정의 문제점, 교과서 동시 텍스트의 문제점, 그리고 어린이시 교육의 문제점을 고스란히 드러내 보이는 현상이라 할 수 있겠다.

이오덕이 지적한 유형의 시가 안고 있는 가장 큰 문제는 어린이의 자아의식을 제대로 들여다볼 수가 없다는 점이다. 어린이시는 시로서뿐만 아니라 어린이를 이해하는 교육 자료로서 큰 값어치를 지닌다. 어린이시가 초등교육에서 특별히 중요한 까닭이 바로 여기 있다.

이 시기 어린이시가 보여주는 또 다른 특징 중의 하나는 시의 대상이 매우 다양해지고, 하나의 시 안에서도 제3의 대상들이 사이사이 끼어든다는 점이다. 「싸움 구경한 날」, 「내 동생」과 같은 시가 그렇다. 분산적 사고가 가능해서 생기는 현상인데, 자칫 시의 집중성을 떨어뜨릴 수 있다.

성적 자아의 형성
-4학년의 시적 자아

어린이시를 읽으면서 가장 혼란스럽고, 당황하기도 했던 학년이 4학년이다. 이 시기 어린이의 자아 정체성을 파악하기가 쉽지 않았던 탓이다. 왜 그럴까? 초등학생을 저학년과 고학년으로 나누면 고학년이 시작되는 학년이 4학년이다. 교육과정상 지식 위계도 껑충 뛰어오른다. 몸의 성장도 두드러진다. 그래서 초등교사들이 까다로운 학년으로 여겨 담임하기를 부담스러워한다. 4학년을 맡을 바에는 차라리 5학년이나 6학년을 맡겠다고도 한다.

교생선생님은 천사같다

잘못말해도 잘했다하고

장난쳐도 하지말라고

화를 많이 않내서

천사같다

그반대로

담임선생님은 악마같다

잘못말하면 무시하는척하고

장난을 조금만쳐도 하지말라고

화를많이 내신다. 그리고

교생선생님이왔을때만그런다.

그래서 악마갔다.

- 4학년 어린이시, 「교생선생님과 선생님」

공부해라

공부해라

우리엄마는

매일 잔소리한다

발씻어라

발씻어라

또 또 잔소리

컴퓨터 그만해라

컴퓨터 그만해라

아이 엄마

바가지 좀 그만 긁어요

-4학년 어린이시, 「잔소리」

「교생선생님과 선생님」을 쓴 어린이는 "교생선생님은 잘못 말해도 잘했다 하고, 장난쳐도 화를 많이 안 내기"에 "천사 같다"고 한다. 반면, "담임선생님은 잘못 말하면 무시하고, 장난을 조금만 쳐도 화를 많이 내시기"에 "악마" 같단다. 자기에게 어떻게 하느냐를 잣대로 선악을 구분하고 있다. 자기중심적 자아가 보이는 의식 특징이다.

「잔소리」는 비판적 자아의 모습을 보이기는 하지만, 다분히 감정에 치우쳐 있으며 신경질을 내다시피 거칠다. 이처럼 이 시기 어린이는 자아 정체성을 도무지 종잡기 어렵다. 이전 어린이시에서는 어떤 자아의식이든 시에 그대로 드러나던 것과는 달리, 4학년 어린이의 시에서는 자아 숨김 현상이 두드러진다. 이 무렵 어린이의 자아 정체성을 쉽사리 파악하기 어려운 까닭이 여기 있다. 꼼꼼히 읽어보면 4학년 어린이시에서는 새로운 자아를 발견할 수 있다.

> 선생님과 혜진이와 함께
> 시소를 탔다
>
> 나는 내 몸무게가 탄로 날까봐
> 일부러 세게 뛰었다
>
> 그래서 혜진이는 들썩거렸다.
>
> 시소를 타면서
> 내 몸무게가 탄로나면 어쩌지?
> 그 생각만 했다
> -4학년 어린이시, 「내 몸무게」

> 신체검사 하는 날

내 차례가 되면 어떡하지?
몸무게 때문에 부끄러운데

심장을 망치로 치는 것 같다.
쿵쾅쿵쾅 납작해 질 것 같다.

내 차례가 되기 전에 무슨 수를 써야 해.
"석철아, 어디 가니?"
꼭꼭 숨고 싶다.
내 몸무게를 숨기고 싶다.

-4학년 어린이시, 「꼭꼭 숨고 싶다」

바로 '성적 자아'다. 성적 자아는 '비판적 자아', '관찰자적 자아', '논리적 자아'가 없어지고 대체된 게 아니라 새롭게 형성된 자아다. 두 편의 시에서 보이는 공통점은 두 어린이 모두 자기 신체, 곧 외모에 대해서 자각하기 시작했다는 것이다. 그러고 보니, 4학년 어린이시의 소재는 '파마', '헤어스타일', '다이어트' 등 외모에 관한 것이 다른 학년에 견줘 꽤 많이 눈에 띈다. '친구'를 글감으로 쓴 시도 단연 많다. 개인적 관계 인식이 점차 사회적 관계 인식으로 바뀌고 있음을 보여주는 현상이다. 다음 시는 이성에 대한 자각과 관심이 사회의식의 모습을 띠는 점이 흥미롭다.

오싹한 담력
기르기를 하였다.

그런데 여자들만
무서워하였다.

남자들이 앞장 서서 갔다
간이 큰가 봐
여자들을 놀래 주고
킬킬 웃는다.

-4학년 어린이시, 「오싹한 담력 기르기」

'오싹한 담력 기르기'가 무슨 놀이나 훈련인지는 모르겠지만, 이 어린이는 '무서움'이 사람마다 다른 감정이 아니라 여자이기 때문에 가지는, 성에 따라 차별화된 감정쯤으로 여기는 듯하다. "여자들만 (오싹한 담력 기르기를) 무서워"하고, 남자들은 "(간이 커서)

앞장서서 갔다"고 한다. (간이 작아 무서워하는) 그런 "여자들을 놀래주고 킬킬 웃으면서" 말이다. 벌써부터 '남자는 강하고 여자는 약하다'는 남성우월주의에 빠져드는 것 같아 걱정된다. 어린이시가 시로서뿐만 아니라, 교육 자료로서 가치가 크다는 것을 이 시는 역설해서 보여준다. 이 어린이가 갖고 있는 그릇된 사회의식은 바르게 잡아주어야 한다. 이런 허위의식을 깨는 데서부터 성교육이든 양성평등교육이든 출발해야 하지 않겠는가.

이런데도 어른들이 쓰는 동시에서는 아직도 어린이에게 '성'을 얘기하는 것을 꺼린다. 어린이는 발달단계에 따라 자연스레 성적 자아를 형성하고 나름대로 성에 대한 관심을 가지며 스스럼없이 드러내 말하기도 한다. 어린이가 건강하고 올바른 성의식을 갖도록 도와주는 동시가 많이 나와야 한다. 어린이의 성에 대한 담론을 주저하고 터부시한다면, 그것 또한 깨야 할 허위의식이다.

4학년 어린이가 가진 자아의식의 특징은 3학년에서 이미 두드러진 비판적 자아가 자아의 정체성에 대한 자각으로 이어져 내면화되면서 성적 자아를 키우는 한편, 점차 사회적 자아로 바뀌는 것으로 요약할 수 있겠다.

사회적 자아·관념적 자아

−5·6학년의 시적 자아

피아제에 따르면, 5학년 어린이는 형식적 조작기에 들어서게 된다. 구체적 조작기에는 어느 정도 논리성을 가진다 해도 그 사고가 몸소 겪은 사실에만 한정된다. 이에 견줘 형식적 조작 사고란 경험하지 않은 사실도 형식논리에 따라 추론하고 개념화할 수 있는 사고를 말한다.

간호사 앞에 서면
머쓱 머쓱 쑥스러워
엉덩이 까기를 못하고
머리를 긁적 긁적.

하지만
하얀 이 드러낸 변기 앞에 서면
후다닥 후다닥 쑥스러운 줄 모르고
엉덩이 훌떡 까 버리고
"푸드덕"

-5학년 어린이시,「주사」

　시에서 성적 자아의 모습이 그대로 비친다. 이 무렵 어린이는 여전히 자신의 성적 상징을 남에게 드러내는 것을 부끄러워하고, 특히 이성을 의식하여 마음에 없는 행동을 한다. 때로는 거리낌 없이 이성에게 관심을 표현하기도 한다. 초등학교 4・5학년 교실에서 흔히 볼 수 있는 또래 이성 사이의 괜한 말다툼이나 숨김없는 짝지 선언은 이 시기의 자아 정체성을 보여주는 현상이다. 어린이시의 언어에서 다룰 '타자에게 말 걸기'의 하나로 볼 수 있는데, 이는 자연스레 '사회적 자아'로 옮겨간다.

아빠는 공부 잘 했어요?
라고 물으면

어른들이 하는 똑같은 대답
"그럼 매일 일등했어"

에이 거짓말쟁이
그러나 우린 알아줘야한다.

어른들도 창피하고 말 못하는
슬픈 과거가 있다는 걸.

-5학년 어린이시, 「어른들의 과거」

친구들과 시내에 갔다
너무 많이 걸어서인지
다리가 아팠다.

시장 모퉁이를 도는데
장애인 두 명이
앞에 바구니를 놓고 구걸 하였다.

친구들이 얼른 가자고 해서

장애인들을 돕지 못하여
가슴이 아팠다.

나를 건강하게 나아서
길러 주신 부모님께 감사하다.

-5학년 어린이시,「장애인」

    사회적 자아는 상대의 거울에 자아를 비춰봄으로써, 또는 자아의 거울에 상대를 비춰봄으로써 형성된다.「어른들의 과거」처럼 역지사지하는 의식의 정체다. 자아의 거울에 비친 상대, 타자는 곧 타자의 행위다. 또한 타자의 거울에 비춰보는 것도 '내 행동을 저 사람은 어떻게 생각할까'처럼 자아의 행위이다. 사회적 자아의 인지, 곧 사회인지는 인간과 인간의 행위에 대한 인지를 뜻한다.
    「어른들의 과거」에서 타자의 행위는 "그럼, 매일 일등 했어"라는 아빠의 언어 행위다.「장애인」에서 자아의 거울에 비친 타자는 '장애인의 구걸'이며, 거기에 대한 자아의 행위는 '돕지 못함'이다. 그래서 '가슴이 아팠고' '(나를 건강하게 낳아준) 부모님께 감사하는 마음'을 가지는 것이 바로 이 어린이가 보여주는 사회인지다.
    사회적 자아의 사회인지는 사회적 행위로 이어진다. 사회인지는 개인과 개인의 사회적 관계뿐만 아니라 국가와 민족과 같은 대사회에 대한 인식과 가치관으로까지 나아간다.

    이 시기 어린이는 몸소 관찰하거나 실제 경험한 것에서만 조작 능력을 보이던 전과는 달리 눈에 보이지 않는 대상에 대해서도 형식논리에 따라 조작이 가능한 형식적 사고능력을 갖춘 형식적 조작기에 들어섰음을 다음과 같은 시들에서 쉽게 엿볼 수 있다.

    실 있어도 바늘 없인
    바느질을 하지 못한다.

    왼손 있어도 오른손 없인
    큰일을 이루지 못한다.

    물고기 있어도 물 없인
    물고기가 살지 못한다.

    하물며 같은 뿌리 한 민족이
    한쪽 없이 한쪽 마음으로
    큰일을 이룰 수 있을까?

바늘 만난 실처럼

오른손 만난 왼손처럼

물 만난 고기처럼

같은 조상 밑에서

태어난 우리도

서로 만나서 큰일을 이루자.

-5학년 어린이시, 「같은 뿌리 한 민족」

세상엔 보이지 않는 것과

볼 수 없는 것이 있어요.

누구 한 사람 알아주지

않아도 들키지 않으려고

몰래 숨겨 놓았던 '사랑'이 있고

말하진 않지만

항상 나의 모든 것이

되어주는 '우정'이 있고,
그 '사랑'과 '우정'은
보이지 않지만, 볼 수 없지만

그 '사랑'이 커져
'우정'이 커져
행복이란 집속에서
살 수 있을 테니까요.

-5학년 어린이시, 「보이지 않지만…」

시에 드러난 대로 두 어린이는 이미 청년기, 또는 어른의 시기에 접어들었다. 아동성을 지닌 아동기를 규정할 때, 4학년인 10세까지로 보는 것도 이런 까닭에서다. 보다시피 이들의 사고는 어른의 사고와 그다지 다르지 않다. 다만, 형식적 조작의 사고 안에서 좀 덜 성숙했을 뿐이다.

사회인지는 대체로 사회규범에 자아를 일치시키는 방식으로 이루어진다. 전조작기 어린이가 가지는 동화와 투사에 따른 대상과 자아의 일체화, 즉 동일성과는 뿌리부터 다르다. 자기중심적 자아의 동일성은 자기중심성과 직관적 사고에 따라 자아와 대상을 일치시키기 때문에 개성을 띠지만, 사회적 자아는 일반적인 사회규범과 가치에 따라 자아를 조절하는 것이어서 자칫 개성을 잃기 일쑤다. 시에 자아의 메시지가 있긴 해도 이는 누구나 말할 수 있는 메시지다. 공허한 울림만 있을 뿐이다. 그러면서 점점 관념성을 띤다. 시가 시성을 잃어버려 메마르고 밋밋해진다.

자기의 몸을 아끼지 않고
주위를 밝게 해주는 촛불은
마치 부모님이 우리를 위해
열심히 일을 하는 것 같다.
다른사람을 위해 일하는
촛불은 나라를 지키는
군인 아저씨 이다.

다른 사람을 생각하는
촛불의 마음에
내 마음도 반짝반짝
빛이 난다

-6학년 어린이시, 「촛불」

누군가가 얽혀놓은

실타래처럼

어쩔수없이 떠다니는

구름처럼

내가 만질 수 없는

누군가에 의한

내 마음이라서

나는 내 마음을

변덕쟁이인

날씨처럼

알 수가 없다.

오늘은

나라는 존재를 알기가 싫다.

-6학년 어린이시, 「내 마음」

    시를 쓰는 사람이 '보이지 않는', '만질 수 없는' 실체를 추상하다 보니 읽는 사람 또한 그 형상을 볼 수가 없다. 시에서 눈에 보이지 않는 추상체를 눈에 보이는 구상체로 그려내는 것을 '시적 형상화'라고 한다. 시적 형상화란 언어를 가지고 하는 일이다. 어린이들이 이런 능력을 익혔을 리 없다. 그래서 시가 대부분 형상이 없이 관념 상태로 떠 있는 것이다. 나는 이런 자아를 '관념적 자아'라 부르는데, 관념적 자아는 사회적 자아의 이면과 다름없다. '내 마음'에서처럼 '나라는 존재는 무엇인가'라는 자아 정체성에 대한 물음은 대개 타자와의 관계, 즉 사회 속에서의 '나라는 존재는 무엇인가'라는 물음에 해당한다. 이 시기 어린이들은 사회적 존재로서의 각성과 함께 타자로서의 자아, 곧 자기 정체성에 대한 고민에 빠져있다. 이것이 관념으로 드러난다.

아동성을 지닌 어린이들은 구체적인 대상과 자아를 동일화하기 때문에 그 자체로서 형상성을 갖는다. 한순간 그 일체감에 몰입하거나 집중함으로써 시가 된다. 그러나 5·6학년 어린이들은 대상, 때로는 자아조차도 멀찍감치 관조하기 일쑤다. 몰입이 아니라 자아와 대상을 떼어놓고 이리저리 따진다. 이러니 시가 될 리 없다. 지금까지와는 전혀 다른 시창작 지도가 요구된다. 초등학교의 시 쓰기 지도를 급별로 단계화해야 하는 까닭이 여기에 있다.

어린이시는 어린이의 자아의식이 그대로 투영된 언어형상체다. 자아의식의 형성 과정이라 할 수 있다. 변화, 또는 발전하는 것이 분명하지만 시의 관점에서 보면 시성이 퇴조하는 과정이기도 하다.

3장
어린이의 관계 인식

> 학원, 숙제, 시험 따위는 바깥에서부터 안으로
> 작용하는 억압 기제들이다. 외부 기제가 견딜 만한 것이면
> 이미 형성되기 시작한 사회적 자아가 건강하고 바람직하게 발달하지만,
> 부당하거나 정도가 지나치면 어린이의 사회적 자아는 상처를 입고
> 오히려 반사회적 자아로 뒤틀릴 수 있다.

개인적 상관체에서 사회적 상관체로
- 1·2학년의 관계 인식

자아, 대상(세계), 언어, 이 세 요소가 서로 관여하거나 상호작용하며 한 편의 글을 구성한다. 모든 글은 언어를 매개로 한 자아와 대상의 상관물이다. 그 가운데서도 시는 여느 갈래보다 자아와 대상의 상관성이 높다. 이야기에서는 대개 1인칭 화자와 작가를 별개로 치지만, 시에서는 화자와 시인을 동일시하기 마련이다.

자아와 대상은 서로 관계 속에서만 성립하는 상관개념이다. 대상 인식, 또는 세계 인식이라 하지 않고 관계 인식이라 한 까닭이다.

시에서는 대상을 '세계'라 일컫는다. 세계에서 '세(世)'는 해, 곧 시간을 의미하고 '계(界)'는 경계, 공간을 뜻한다. 세계란 시간과 공간을 모두 포함하는 사차원적 개념이다. 시는 세계 안에 존재하는 무기체나 유기체, 또는 이들이 보여주는 현상이나 무형의 관념 모두를 대상으로 한다. 세계와 자아가 관계하는 순간을 형상화하는 것이 바로 시다. 여기서 시의 원리이자 속성인 동일성, 현재성, 집중성이 발생한다.

1학년 어린이들은 동화와 조절이라는 심리 기제를 통해 쉽게 자아와 대상을 동일화한다는 사실을 확인했다. 이 시기 어린이의 자아는 대상을 아예 동격체로 바라보거나, 적어도 자아와 대상이 거의 같은 지점에서 만날 만큼 심리적 거리가 가깝다.

바다야 넌 왜 이렇게
출렁거리니 좀
얌전하게 있으렴.

-1학년 어린이시, 「바다」

붕어야,
이제 걸어 다녀도
발 안 아플 거야
어제 다연이가

병조각

다섯 개나 주어냈거든.

-1학년 어린이시, 「붕어야」

「바다」를 쓴 어린이는 바다를 의식이 있는 생명체로 인식하고, 「붕어야」의 어린이도 붕어를 자신과 같이 걸어 다닐 수 있는 인격체로 여긴다. 「붕어야」에서 흥미로운 점은 이 어린이가 붕어가 물속을 헤엄치거나 떠다니는 이유가 바닥에 병 조각이 있어서라고 생각한다는 것이다. 친구 "다연이가 물속에서 병 조각 다섯 개를 주워냈으니 이제 붕어가 걸어 다녀도 좋을 것"이라고 말한다. 어른 창작자로서는 흉내 내기 어려운 생각이다. 이 무렵 어린이의 아동성, 곧 자기중심성의 본질을 잘 보여준다. 대상을 배척하는 자기중심성이 아니라 대상과 융합하는 자기중심성이다. 어린이시의 동일성이 이래서 쉽사리 확보된다.

　어린이시에서 자아와 대상이 동일체를 이룰 만큼 가까운 심리적 거리는 어린이시와 독자 사이에도 작용한다. 어린이시에 어른 독자들조차 쉽게 동화되는 것은 어린이시와 독자의 심리적 거리가 그만큼 가깝기 때문이다.

산은 삼각 김밥 같다.

삐쭉하니깐.

근데, 검정색이 아니라 초록색이다.

나는 태어나서

초록 삼각 김밥은 처음 본다.

근데 먹을 수 있을까?

-1학년 어린이시, 「산」

어른 창작자에게도 '산'이라는 세계는 시적으로 매우 동일성을 갖기 어려운 대상이자 제재다. 자아화하기 어려운 세계다. 그런데 이 어린이는 언젠가 자신이 먹어본 적이 있는 삼각김밥 하나로 쉽게 산을 자아화하고 있다. 어린이들이 시를 쓰면서 언어에 대한 장애를 거의 느끼지 않는 것은 어린이의 의식 속에서는 이처럼 모든 것이 가능하기 때문이다. 1학년 어린이가 포함되는 '전조작기'라 함은 조작적 인지구조를 가지기 이전의 시기라는 뜻이다. 이 시기 어린이는 사물의 속성을 눈에 보이는 지각적 속성으로만 판단하는 직관적 사고를 한다. 이 어린이도 이러한 직관적 사고에 의해 삼각형이라는 눈에 보이는 산의 모양만 가지고 산의 속성을 파악하고 있다. '삼각형 산'은 외재하는 산의 실체가 아니라 어린이의 내적 표상에 해당한다. 삼각형 산이란 실제로는 좀체 보기 힘든 것이지만, 이 무렵 어린이들이 산을 대개 삼각형으로 그리는 것은 산이라는 대상이 내면 의식에 삼각형으로 표상되어 있기 때문이다. 시와 함께 그려진 그림을 보면 알 수 있다. 왼쪽 두 개의 삼각형은 녹색으로 채색되어있고, 오른쪽 하나의 삼각형은 검게 칠해져 있다.

1학년 어린이가 「산」과 함께 그린 그림

　이 어린이는 산과 삼각김밥의 삼각형이라는 모양 속성을 가지고 둘을 동일화시켰다. 여기까지라면 대상 간의 동일화에 머무르고 말았을 것이다. 이 시기 어린이의 동일화 속성이 여기서 그칠리 없다. "근데 먹을 수 있을까?"로 끝내 대상을 내면화하여 동일화를 이루었다.

　대상의 한 가지 속성을 내적으로 표상하여 자아와 동일화하고 있는 경우는 '산'에서뿐만 아니라 이 시기 어린이들의 시에서 흔히 볼 수 있다.

신문에서는 아침 냄새가 나요
어머니도 아침 냄새를 좋아하셔요.
아버지도 아침 냄새를 좋아 하실 거예요.

-1학년 어린이시, 「신문」

신문(지)에서 나는 냄새를 아침 냄새로 지각하는 점이 재미있다. 매일 아침 눈에 들어오는 신문지에서 나는 냄새를 아침 냄새라니 말이다. 이 어린이는 자아, 곧 '내'가 신문지에서 나는 아침 냄새를 좋아하니까 어머니도 아침 냄새를 좋아한다고 하고, 아버지도 좋아할 거라고 한다. 1학년 어린이들의 자기중심성에 따른 강한 동일화 속성은 거의 공통 현상이다. 그러나 이 시는 여느 1학년 어린이들이 주로 하나의 대상에 집중하는 것과는 달리 같은 시 안에 복수의 대상을 끌어들이는 '분산적 사고'의 조짐을 보여 눈길을 끈다.

    1학년의 시의 대상이 대개 바다, 붕어, 산, 신문지, 고양이, 강아지, 하늘, 잠자리, 아기 등과 같이 개인의 지각 범위 안에 있는 구체물인 점은 전혀 이상한 일이 아니다. 예시 작품에 들진 않았지만 1학년 어린이들도 상당수는 엄마, 아빠, 친구, 가족 등 사회관계에 놓인 대상을 시의 제재로 삼고 있다. 그러나 이러한 엄마, 아빠, 친구, 가족도 사회적 관계의 대상보다는 주관적이고 개인적인 상관체로 보는 경우가 대부분이다.

    학교에 안 가니
    이상하다.

    학교를 안 다니는 것 같고
    지각생인 것 같아서
    이상하다.

-2학년 어린이시, 「학교에 안 가서」

「학교에 안 가서」는 이 무렵 어린이들이 사회라는 존재, 그리고 사회적 존재로서의 자아를 각성하기 시작했다는 점을 보여준다. 학교에 안 가니 지각한 것처럼 이상하고 불안해진 것이다. 이런 경험들은 어른들도 누구나 한 번쯤 가지고 있을 것이다. 어린이 말고 누가 새삼스레 이런 기억을 퍼 올려줄 것인가. 다음 시들은 사회적 자아로서의 각성 현상을 좀 더 뚜렷이 보여준다.

나는 동생이 없다 가끔 동생이 있으면 안 심심하겠다

동생이 생기면 잘 놀 수 있을 텐데

동생아 나에게도

생겨조라 형아가 재미께 해준데이 꼭 꼭 꼭

-2학년 어린이시, 「동생」

급식을 하고나서

친구를 찾고

계속 찾고 찾고

또또 찾았다

이 외톨이신세

혼자 노니까 재미가 없다

-2학년 어린이시, 「외톨이」

엄마는 언니가

잘못했는데

나만 혼내고

내가 언니였으면

좋겠다

-2학년 어린이 시, 「엄마」

「동생」을 쓴 어린이는 사회적 관계의 대상인 타자가 없으면 심심하다는 것을 자각하기 시작했고, 「외톨이」의 어린이는 좀 더 적극적으로 친구를 찾으려는 사회적 행위를 하게 된다. 「엄마」는 사회적 존재로서 사회적 관계에 따른 지위 역할에 대해 각성하고 있음을 보여준다.

2학년 어린이들이 대상에 가지는 심리적 거리는 1학년 어린이들이 '산'조차도 '먹을 수 있을까'로 인식할 정도의 가까운 거리는 아니다. 이 무렵에는 관계 인식을 지닌 사회적 자아로서의 자각의 조짐을 보이긴 하나 아직도 자기중심적이고 초보적인 수준에 그친다. 2학년 시기는 융합형 자아와 분산형 자아가 뒤섞인 과도기다.

발달한 사회성, 결핍된 서정성
- 3·4학년의 관계 인식

    3·4학년 어린이의 자아는 3학년에 들면서 '비판적 자아'가 뚜렷해짐에 따라 대상을 멀찍이서 이리저리 견주고 따지며 바라본다는 사실을 확인했다. 시에서 자아와 대상의 분리 현상이 두드러져 시적 동일성이 눈에 띄게 깨진다. 분산적 사고가 가능해 시 속에 여러 대상을 등장시키기 때문에 시의 집중성도 떨어진다. 4학년 어린이가 가진 자아의식의 가장 뚜렷한 특징은 성적 자아가 형성되는 한편, 사회적 자아가 더욱 뚜렷해진다는 것이었다.

    신발장 신발
    가지런히 놓여있는 신발 보면

아빠 신발 크고, 내 신발 작다.

장롱 속 옷

가지런히 걸려 있는 옷 보면

아빠 옷 크고, 내 옷 작다.

모든 것 보면 내 것은 작고

아빠 것은 크고

아빠 것은 크고, 내 것은 작다.

-3학년 어린이시, 「큰 것 작은 것」

나는 아빠와 닮았다

눈과 입이 닮았다.

엄마는 하는 짓이

똑같다고 그러셨다.

아빠는 목욕할 때

책을 읽다가 젖게 했고

나는 물총으로 화장지를

쏘아 젖게 했다.

엄마가

아빠와 나를

똑같다고 불렀다.

-3학년 어린이시, 「닮았다는 말」

「큰 것 작은 것」과 「닮았다는 말」을 쓴 두 어린이는 어느 정도 추론 능력과 서열 조작 능력을 갖춰 대상을 꽤 객관화해서 바라보고 있다. 2학년 어린이 시에는 전조작기와 구체적 조작기의 의식 특징이 뒤섞여 있기 마련이지만, 3학년에 이르러서는 대부분 구체적 조작기에 들어섰음을 엿볼 수 있다. 이 시기 특징 가운데 하나인 논리적 사고는 대상, 심지어 자아조차도 객관화하여 바라볼 수 있게 한다. 대상과 자아의 관계를 합리적으로 인식하게 된다.

「큰 것 작은 것」을 쓴 어린이는 구체적 사실, 곧 '신발장에 들어있는 신발', '장롱 속에 들어있는 옷' 등 아빠의 모든 것이 자기 것보다 크다는 것을 인정하고 있다. 아빠의 존재에 대한 인정이며, 아빠와의 관계 속에서 갖는 자기 존재에 대한 인식이다. 「닮았다는 말」을 쓴 어린이는 초보 수준이나마 이미 가설 연역적 사고로 '아빠와 나는 닮았다'라는 가설에 대해 자기 행위를 견주고 따져 돌아봄으로써 가설을 검증하고 있다. 가설 연역적 사고는 형식적 조작기의 사고능력에 해당하는데, 3학년 어린이시에서 이런 현상은 흔치 않은 사례다. 물론 이 어린이 경우도 '아빠와 나는 닮은 관계'라는 관계 인식을 하고 있다. 그러나 논리정연하고 합리적인 것으로 비치는 이 시기의 관계 인식이 이전처럼 거의 반응적이다시피 형성되는 것이 아닌 점은 분명하다.

> 길을 가다가 돈을 주웠다
> 백원짜리 3개가 있었다
> 얼른 주워서 호주머니에 넣었다
> 6학년 형들이 돈을 찾고 있었다
> 나는 모르는 척 하고 축구를 했다
> 가슴이 쿵닥쿵닥
> 누가 날 부르는 것만 같았다
> 아깝긴 해도 돌려주고 나니
> 마음이 상쾌해졌다
>
> -3학년 어린이시, 「길을 가다가 주운 삼백원」

> 엄마는 내 마음 몰라
> 내가 큰 잘못도 안했는데
> 혼내시고
> 공부도 하고 노는데

놀기만 한다고

혼내시잖아요

엄마는 제가 어떤 생각을

하는지 모르시잖아요.

그러니깐 너무

혼내지 마세요

-4학년 어린이시, 「생각」

    논리적 사고란 자아와 타자에 대한 엄정한 비판과 함께 논리적 타당함에 대해서 기꺼이 수긍하고 수용하는 의식을 말한다. 타당한 것은 타당한 대로 인정하고, 그렇지 못한 것은 자신조차도 비판하며 합리적인 기준을 마련해 가는 것이 논리적 사고다. 이렇게 자아와 타자의 관계를 합리적으로 조절해 가는 것이 바로 사회성 발달 과정이다. 「길을 가다가 주운 삼백원」은 이 무렵 어린이들이 사회, 혹은 타자의 합리적인 가치와 기준에 대해서 자기반성과 교정을 통해서라도 기꺼이 수용한다는 것을, 「생각」은 불합리에 대해서 비판과 반발 의식을 숨기지 않는다는 것을 보여준다.

    하루도 빠짐없이

파는 아저씨

불쌍한 아저씨

오징어는 비싸지만

오징어는 비싸지만

아저씨가 너무

불쌍하다.

-4학년 어린이시, 「오징어 파는 아저씨」

난 오늘 삼천포에 갔다.
나는 그날따라 기분이 좋았다.
우리가족은 문어를 사러 갔다.
우리가족은 둘러보다
문어 파는 할머니를 보았다.
"문어사이소.
큰 것 하나에 10000 해 줄께예"
나는 그 할머니의
거칠한 손 보고
안타까웠다.
우리가족이 사주자

작은 거 한 마리 더

넣어주었다.

-4학년 어린이 시, 「문어 파는 할머니」

3학년 어린이들이 사회적 관계 인식에 눈떴다 하더라도 가족, 또는 또래 범주 안의 대상이었던 데 견줘 4학년 어린이의 사회적 관계의 대상은 좀 더 확대되고 다양하다. 3학년 어린이들의 사회적 관계 대상이던 엄마, 아빠, 동생, 할머니 등이 '일하시는 아저씨', '돈 숨긴 손', '신호등', '교생선생님과 선생님', '문어 파는 할머니'처럼 같은 할머니라도 개인 관계의 할머니가 아니라 사회적 역할과 지위를 가진, 또는 사회적 기능과 행위를 하는 대상으로 바뀌었다는 것을 알 수 있다. 이 무렵 어린이들의 세계 인식의 폭이 그만큼 확대되고 다양한 시선에서 대상을 이해하는 분산적 사고가 발달했음을 의미한다.

다음과 같은 시는 이들의 사회적 관심이 공동체 생활로까지 증폭되어 그 속에서 역할 지위를 확보하려는 노력마저 엿보인다.

아파트 청소를 하면

아파트 가득

아줌마 목소리로 가득 찬다.

"야, 물 떠 와!"

"걸레 가져와!"

청소 시간만 되면

아파트는 시장이 된다.

청소 아줌마 이마에는

땀이 줄줄

아파트에 있는 때들이

싹싹 벗겨졌는데

지나가는 사람들은

"깨끗하구만."

한 마디 뿐이다.

-4학년 어린이시, 「아파트 청소」

    시에서 동일성은 동화와 투사를 원리로 하여 자아와 대상을 일체화함으로써 확보된다. 그러나 중학년 무렵 어린이는 비판적 자아, 또는 논리적 자아가 형성되어 대상을 객관화하고, 논리적으로 파악하는 탓에 대상과 심리적 거리는 그만큼 멀어진다. 대상에 대한 시선이 여러 각도로 분산되어 시의 집중성도 떨어진다. 이는 시의 서정성 확보에 큰 장애가 된다. 시의 본질을 손상할 정도의 심각한 장애다. 서정성이야말로 시의 본질 중의 본질이기 때문이다. 요즘에는 시와 서정시를 따로 구분하지 않고 거의 같은 의미로 쓰고 있는 것도 이런 까닭에서다.

서정성은 자아와 세계의 동일성을 말한다. 겉모양만 보면 저학년의 시가 줄글 형태로 훨씬 산문적인데, 시적 감흥은 더 강렬한 이유도 저학년의 시가 동일성과 집중성의 시적 원리를 더 충족하고 있어서다. 그렇다면, 오히려 의식 자체가 시적인 저학년에서는 시 쓰기 교육에, 중학년부터는 산문 쓰기 교육에 중점을 두는 것이 마땅하다. 중학년에 들어와 가능하게 된 분산적 사고와 논리적 사고, 사회적 관계 인식은 산문적 사고유형에 가깝다.

자아와 대상의 맞섬, 무너지는 시

- 5·6학년의 관계 인식

5·6학년은 사회적 자아가 더욱 뚜렷해진다. 직접 겪었던 일이나 형체를 볼 수 있는 대상에 대해서만 조작이 가능하던 이전 어린이들과는 달리 눈에 보이지 않는 대상을 두고서도 형식적 조작이 가능해진다.

학교를 마치면 어김없이
학원차를 타고 도착하는 학원
오늘은 영어, 수학, 과학
다음 주 쪽지시험 이야기
매일 공부 얘기뿐이다

친구들과 함께 있어 좋을 때도 있지만
웬만하면 안 갔으면 한다.

-5학년 어린이 시,「학원」

착한 마음, 나쁜 마음
좋은 마음, 좋지 않은 마음
내 마음은 어떨까?
착할까? 나쁠까?
착해져야지.
좋아져야지.
나빠지지 말아야지.
약해지지 말아야지
그렇게 말해도 어느새 빗나가는 내 마음
아무리 맘먹어도 빗나가는 내 마음
이제부턴, 이제부턴
절대 흔들리지 말아야지.

-5학년 어린이 시,「마음」

고학년 시를 읽다 보면 무언가로부터 억압받고 있는 것으로 비쳐 안타깝고 안쓰럽다. '학원', '시험', '숙제', '돈', '고민', '마음'같이 아이들에겐 자못 무거우면서도 절박한 현실 소재들이 눈에 많이 띈다. 이런 점에서 어린이의 의식발달이 "개별적이고 자발적인 것"이라고 한 피아제보다 "사회적 변인에 더 크게 영향을 받는다"는 비고츠키의 견해가 더 솔깃해진다.

어린이에게 학원, 숙제, 시험 따위는 바깥에서부터 안으로 작용하는 억압 기제들이다. 외부 억압 기제가 내부 의식에 영향을 주게 되리라는 것은 빤하다. 「학원」과 「마음」은 여러 외부 기제에 맞서 내부 의식이 반발하기도 하고, 때로는 치열한 자기조절에 따라 끝내 외부 기제에 자아를 순치하기도 하는 과정을 보여준다. 외부 기제가 견딜 만한 것이면 이미 형성되기 시작한 사회적 자아가 건강하고 바람직하게 발달하겠지만, 부당하거나 정도가 지나치면 어린이의 사회적 자아가 상처를 입고 오히려 반사회적 자아로 뒤틀릴 수 있다는 점을 새겨둬야겠다.

이 무렵 어린이시가 못내 불안하고 불만스럽게 읽히는 것은 어쩌면 당연하다. 자아와 대상이 팽팽하게 맞서 있고, 따라서 둘 사이의 심리적 거리가 가까울 수 없는 탓이다. 시란 세계와의 융화다. 이것이 시 정신의 핵심이다. 시가 동일성, 집중성, 현재성의 속성과 원리를 가진다 해도 그 구조를 분석해 보면, 이 안에서도

기·승·전·결의 시상 전개 방식을 갖고 있다. 기와 승의 단계에서는 주로 대상과의 불화와 갈등 국면이 조성되고 고조되기도 하지만, 이는 마침내 화해와 더욱 단단한 융화에 이르게 하는 시적 장치다. 시인은 화해하지 못하고 사랑하지 못할 대상은 아예 시의 대상으로 삼지 않는다. 설령 그런 것이 시가 되더라도 이를 읽는 일은 불편하고 고통스럽다. 세계와의 융화를 바탕에 깐 시 정신을 느낄 수 없는 탓이다. 그래서 시인을 두고 '세계, 혹은 세상을 사랑하는 사람'이라고도 하지 않는가. 김준오도 "시는 극과 서사와 달리 자아와 세계 사이의 거리를 두지 않는다"며 '거리의 서정적 결핍(lyric lack of distance)'이 시의 본질이라고 했다.

나는 아무도 모른다
언제 어디서
사고가 날지 모른다
그네에 박아 머리 다치고
계단에서 굴러서 팔 다치고
트럭이 발 위에 올라가 발 다치고
인라인 타다가 오토바이와 부딪혀 다치고
인라인 타다가 택시랑 박아서 다치고

나는 언제 어디서 다칠 줄 모른다

-6학년 어린이시, 「아무도 모른다 내 인생」

나는 개장수를 하기 싫은데
아버지께서는
술을 마시고
내가 싫어하는
개장수를 하라하신다
개장수가 되면
개를 팔아야 하는데
싫다고 말했다

-6학년 어린이시, 「개장수」

「아무도 모른다 내 인생」은 어른이 보기에는 그야말로 기우에 지나지 않는 것일 수도 있지만, 어린이에서 어른으로 나아가는 과정, 즉 자아가 세계와 만나며 경험을 쌓아가는 일이 마냥 경이롭고 순탄한 것이 아니라 때로는 불안하고 두려움의 연속이라는 사실을 보여준다. 이런 복잡다단한 과정을 통해, 성큼성큼 성장 발달하는 존재가 바로 어린이의 실체다. 「개장수」와 같은 시를 만약 저학년이나 중학년에서 만났더라면 반가웠을 테지만, 이미 형식적 조작기에 들어선 6학년 어린이시에서 만나는 일은 씁쓸하고 걱정스럽다. 이래서 어린이시를 읽고 지도하는 일이 어린이를 모르고서는 어려운 것이다. 어린이시를 시와 교육 두 쪽에서 다 살펴야 하는 문제이기에 그렇다. 이오덕의 어린이시관이 가진 한계와 어떤 형태로든 그의 영향을 받은 어린이시가 저·고학년 가릴 것 없이 천편일률이다시피 한 점을 지적한 것도 이런 까닭에서다.

초등학교 고학년 시는 자신을 억압하는 사회의 외부 기제와 거기에 맞서는 내부 의식을 주로 대상으로 하고 있으며, 그 대상에 맞서 '갈등', '대립', '적대시'의 양상으로 반응하는 관계 인식을 드러낸다. 시가 관념에 빠지고 자아와 대상의 동일성이 깨어져 시가 되지 못하는 것은 자연스러운 현상이다.

어린이의 관계 인식

4장
어린이의 언어

> 어린이들은 그들 고유의 언어로 교사들에 의해
> 줄기차게 강요되는 학교 방언을 뒤집어버리며
> 언어의 직접적인 아름다움과 말의 선명함을
> 지켜가고 있는 놀라운 존재들이다.

혼잣말, 자아가 자아에게 말 걸기
-1학년의 언어 심리

어린이시를 "어린이 스스로 아동성에 따라 쓴 시"로 정의한 것을 기억할 것이다. 여기까지 줄곧 따라 읽어왔다면 이쯤에서 어린이시를 "어린이의 자아의식과 대상과의 관계 인식이 어린이의 언어로 표현된 시"라고 뜻을 매기더라도 고개를 갸웃거리지는 않으리라. 전혀 다른 시각과 개념에 따라 어린이시의 정의를 달리한 것이 아니라 좀 더 구체화한 정도이기 때문이다. 어린이의 자아의식이든 관계 인식이든 언어든 어린이의 고유성인 아동성에서 비롯된 것임을 새삼 말할 필요는 없겠다.

어린이시 쓰기에 관여하는 요소는 자아와 대상(세계), 그리고 언어다. 이 세 요소 가운데 마지막으로 언어를 살피려 한다. 여기서 주된 관심은 어린이시에 드러난 언어의 겉모습이나 현상보다는 어린이 언어의 내적 심리, 곧 어린이의 언어 심리를 들여다보는 데 있다.

비고츠키는 어린이의 언어를 사적 언어와 공적 언어로 구분한다. 사적 언어는 '혼잣말'처럼 다른 사람이 아닌 자신에게 하는 말이다. 공적 언어는 의사전달을 목적으로 타인에게 하는 말이다. 피아제는 혼잣말을 '자기중심적 언어'라고 표현했는데, 구체적 조작기에 들면 점차 '사회적 언어'로 대체된다고 했다. 비슷한 말이긴 하지만, 두 사람은 혼잣말 또는 자기중심적 언어에서 뚜렷한 차이를 보인다.

피아제는 자기중심적 언어를 전조작적 수준을 반영하는 것으로, 이는 언어의 사회적 기능과는 상관없이 전조작기가 끝나면 자연스레 없어지고 사회적 언어로 대체된다고 했다. 반면 비고츠키는 혼잣말이 자기조절 요소와 함께 정보의 요소를 가지고 있으며, 순전히 자기중심적인 것이 아니라 사회적 기능도 가진 것으로 보았다. 그리고 나이가 들수록 사라지는 것이 아니라 "좀 더 들을 수 없게 되고, 점차 정신 속으로 들어가서 언어적 사고가 된다"고 했다. 나중에 피아제는 비고츠키의 견해를 받아들이는 것으로 생각을 바꿨다.

이쯤에서 어린이의 사고와 언어에 관련한 여러 이론과 지금까지 스스로 세워온 어린이시론을 접목하여 '시는 자아와 대상과의 관계의 문학'이란 면에서 '사적 언어', 또는 '자기중심적 언어'를 '자아가 자아에게 말 걸기'로, '공적 언어' 또는 '사회적 언어'를 '자아가 타자에게 말 걸기'라는 용어로 바꿔 쓰려 한다.

비고츠키는 언어가 네 가지 발달단계, 즉 원시적 단계, 외적 단계, 자기중심적 말의 단계, 이후 내적 말의 단계를 거친다고 했다. 피아제는 이 가운데 자기중심적 말은 전조작기 말까지 지속되다가 구체적 조작기가 시작될 무렵 없어진다고 보았다. 나이로 치면 2세부터 7세까지다.

자기중심적 말을 쓰는 단계의 마지막에 해당하는 초등학교 1학년의 시를 읽어보자. 학교에 들어와 문자를 갓 배우는 때여서 맞춤법이나 띄어쓰기가 영 서툴고 틀리기 일쑤다. 이런 문자 표현의 수준도 하나의 언어 현상이니만큼, 고치지 않고 그대로 살려 썼다. 이 시기 어린이의 내면 의식이나 심리를 읽어내는 데는 어려움이 없을 것이다.

나는공주다나는공주가됄고십다고왜양며
예쁘니까그레서공주가됄고십지그레서그레

꾸나그레서

-1학년 어린이 시, 「공주」

화가가되서 그림만히 그릴레요
그림으로 에자도 만들레요
에자로 집에 거를 거야
잘해지 안녕

-1학년 어린이 시, 「그림그리기」

　1학년 어린이에게서 혼잣말을 발견하는 것은 흔한 일이다. 「공주」를 쓴 어린이는 "나는 공주다"라고 먼저 자신과 공주를 동일시 해놓고 "왜냐? 예쁘니까"라며 스스로 묻고 대답한다. 동일체의 결과에 대해 "그래서 그랬구나. 그래서"라며 맞장구까지 쳐댄다. 「그림그리기」도 "화가가 되어서 그림 많이 그릴래요", "그림으로 액자를 만들래요", "그 액자들을 집에 걸 거야", "잘했지?", "안녕" 이렇게 내내 혼잣말을 하고 있다. 여기서도 "안녕"이란 인사말의 대상은 자아다. '자아가 자아에게 말 걸기'이다. 다음 시들은 '자아가 자아에게 말 걸기'의 언어 심리와 의식 내면의 형성 과정을 짐작하게 한다.

① 나는 오늘 일요일이라 수영장좀

구경하려 갈까 그래 가 봅시다

출발! (수영장에도착)

아저씨?

안추으세요?

안추워요? 자내도 들어오게

따뜻한물이 여서 안춤내

저는 안들어갈래요

아저씨 저는 갈께요?

그래잘가라

신나서요 아저씨

안녕히게세요

② 여려분도 안녕!

-1학년 어린이시, 「가을 수영장」

형은왜? 학교에 다녀!...
나는왜? 학원에 다니고.
그것은 1학년 때 부터는
학교에 다니고

7살 까지는 학원에 다녀

형 이제 알겠어.

-1학년 어린이시, 「형새, 동생새」

「가을 수영장」을 보면, 혼잣말을 하고 있는 것이 분명해 보이는데, 도대체 아저씨의 정체가 무엇이냐는 것이다. 훔볼트는 《카비어 서문》에 실린 '사고의 언어와의 관계에 대하여'에서 사고와 단어가 동시에 생성되고 형성되며 탄생한다는 것을 이렇게 설명한다.

> 주관적인 행위는 사고 속에서 하나의 객체를 형성한다. 왜냐하면 관념의 그 어떤 범주도 이미 존재하는 어떤 대상을 단순히 수용하여 주시하는 것으로는 간주될 수 없기 때문이다.

훔볼트의 말을 적용하면 「가을 수영장」에서 아저씨는 자아 속의 또 다른 자아, 곧 '주관적 의식 속의 객체'에 해당한다. 어린이들의 혼잣말이 '자아가 자아에게 말 걸기'라 할지라도 이 자아는 또 다른 자아를 객체로 설정해 놓고 말을 건다는 것이다. 객체화된 자아의 형체는 '나'일 수도 있고, '아저씨'일 수도 있다. 대화주

의의 관점에서 분석하면 이 개념은 좀 더 명료해진다. 그러면, 「가을 수영장」의 ①은 내적 대화이고 ②는 외적 대화인가. 곧, ①은 자아가 자아에게 하는 말이고, ②는 자아가 외부의 어떤 대상을 향해 하는 말인가? 아니다. ② 역시 자아가 자아에게 하는 내적 대화이다. '나', '아저씨'처럼 '여러분' 또한 객체화된 자아의 한 형체다. 1학년 어린이의 시에서 유독 눈에 띄는 '안녕'이라는 인사말의 정체가 이것이다.

    「형새, 동생새」는 좀 더 흥미로운 모습을 띤다. 자아의 또 다른 자아, 곧 객체화된 자아를 복수로 설정해 두고 있다는 점이다. '형새'와 '동생새'다. 여기서 자아는 아예 형체를 숨기거나 두 객체화된 자아가 서로 대화하게 함으로써 마침내 동일성, 또는 균형화를 꾀하고 있다.

    왜나만보면도망가니
    이제 도망가지마라
    안때린다
    사이좋게지내자

                                 -1학년 어린이시, 「친구」

우리집 마당에

고양이가 "양웅양웅"

우는 소리가 시끄러워

잠도 못자네

고양아!

쬐려보는 사람이랑 놀지마

알겠지?

-1학년 어린이 시, 「고양이」

「친구」에서 화자의 발화 대상은 자아가 아니라 타자, 곧 대상인 친구다. 발화 내용을 보아 '친구'가 구체적인 대상으로서의 친구라는 것은 쉽게 짐작할 수 있다. '자아가 타자에게 말 걸기'인 셈이다. 대상인 친구에게 '안 때릴 테니 같이 놀자'고 한다. 언뜻 자아와 대상의 동일성이 확보된 듯이 보인다. 그러나 이 동일성은 왠지 느슨하고 허전하다. 왜 그럴까?

「고양이」에서도 어린이는 '고양이'라는 시의 대상에게 말을 걸고 있다. 그러나 "째려보는 사람이랑 놀지 마"라는 발화의 의미는 다분히 자기중심적이다. 이 어린이는 같이 놀아서는 안 되는 최악의 대상이 아마도 자기를 째려보는 사람인 모양이다. 그래서 대상에 자아의 감정을 투사하여 "째려보는 사람이랑 놀지 마"라는 발화를 하게 된 것이고, 마침내 "울어대서 잠도 못 자게 하는 고양이"라는 대상조차 끌어안음으로써 시의 동일성을 확보했다. 느닷없기조차 한 대상에 대한 투사가 아니었으면 시는 동일성은 말할 것도 없고 현재성이나 집중성도 풀어지고 흩어져 "앞으로 (나는) 나를 째려보는 사람과는 놀지 않겠다." 정도로 밋밋하게 마무리되었을 것이다.

　이쯤에서 두 가지 문제가 좀 더 분명해진다. 첫째, '동일성'과 또 다른 시의 원리인 '현재성', '집중성'과의 관계다. 동일성은 그 자체가 시의 원리인 동시에 현재성과 집중성을 견인하는 원리이기도 하다는 것이다. 시의 동일성이 확보되면 시의 현재성과 집중성은 자연스레 갖춰지게 된다. 1학년 어린이 시가 대체로 이 세 가지를 한꺼번에 갖춰 사뭇 시적으로 읽히는 까닭이 여기 있다. 동일성이야말로 아동성의 중심 속성이기 때문이다. 그 바탕 심리는 자기중심성이다.

　또 하나, 언어의 측면에서 보면 시의 동일성은 일방적인 '자아가 자아에게 말 걸기'나 '자아가 타자에게 말 걸기'만으로는 쉽사리 확보되지 않는다는 점이다. 이 두 가지 언어, 또는 대화방식이 하나의 시 속에서 상호작용하며 때로는 대치하기도 하고, 보완되기도 하고, 마침내 융화하면서 동일성의 시너지 효과는 더욱 커지는 것이다. 단순하고 일방적인 동화나 투사는 자아와 대상 사이의 긴장감 넘치는, 그러면서 더욱 굳건해지는 시적 동일성을 보장해 주지 않는다. 시 창작 방법의 또 하나의 원리가 될 수 있을 것이다. 어린이시 쓰기 지도가 지금처럼 아예 무시되거나, 그냥 '써봐라'는 식이 되지 않기 위해서다. 어린이시는 단순히 어린이의 심리를 들여다보는 교육 자료로서뿐만 아니라, 문학으로 지도할 수 있는 방법론에 대한 시사점이기도 하다.

 1학년 어린이시의 또 다른 언어 특징 하나를 꼽자면, 종종 다음 그림 2처럼 문자와 그림을 병행한다는 것이다. 물론 이는 이 시기 어린이에게 공통으로 보이는 현상이 아니라 일부 학생들에게만 보이는 현상이다. '일부 학생'이란 아직 문자보다는 그림이 익숙한 단계를 벗어나지 못한 어린이를 이른다. 어린이들은 대개 학령 전에는 그림 그리기를 좋아하지만, 학령기에 접어들면서 점점 흥미가 떨어지기 시작하는데, 1학년 어린이들 가운데는 여전히 그림 그리기를 좋아하는 어린이들이 있다. 아래처럼 그림과 시를 함께 그린 어린이의 경우다.

사자를그림고 싶습니다

-1학년 어린이시, 「사자」

　시와 함께 그린 그림은 시의 보조도구나 장식물이 아니다. 이 시 안에서는 그림도 하나의 내적 표상을 나타내는 요긴한 도구다. 오히려 사자에 대한 내적 표상을 문자보다는 그림으로 그리고 싶은 욕구가 드러난다. 그걸 직접 글로 표현하기도 했다. "사자를그림고(사자를 그리고) 싶습니다"라고 말이다. 가만 보면 이 어린이의 사자는 매우 흥미롭다. 몸통도 없고 다리도 없다. 거죽만 있다. 정확히 말하면 탈만 있다. 아마도 이 어린이는 실제 공연으로든, 그림으로든 탈춤 추는 사자(인간)를 최초로 경험했고, 탈의 표정이 강렬하게 기억에 남아있는 듯하다. 그 인상이 사자에 대한 내적 표상이 되었으리라. 그래서 그 표정을 그리고 싶었을 것이고, 아직 익숙하지 못한 문자보다는 여태껏 해왔듯이 익숙하고 쉬운 그림을 선택했을 것이다. 이 시기 어린이들의 시에 함께 그려진 그림의 의미다. 이런 시에서는 오히려 문자가 더 부차적이기 일쑤다. 덧붙이자면, 이 어린이는 '그리고'를 '그림고'로 표현하고 있어서 아직 명사와 동사를 개념적으로 구별하지 못하고 있는 것으로 보인다. '그리기'에 대한 언어의 내적 표상이 아직 '그림' 뿐이기 때문에 나타나는 현상이다. 단순한 오자로 볼 일이 아니다.

> 단풍은 무슨뜨시까 엄마가 빨강 에쁜물이
> 들어따고 해따그러면 든풍이 아니가 외 단
> 풍이지

-1학년 어린이시, 「단풍」

이 어린이는 특이하게도 자아나 대상이 아니라 언어 자체에 대한 시를 쓰고 있다. 이른바 '메타언어'로 쓴 메타시인 셈이다. 단풍이라는 실물 대상이 아닌, '단풍'이라는 언어를 시의 대상으로 삼고 있다. 이렇듯 어린이들은 모국어 습득 과정에서 메타언어를 널리 구사하고 있다는 사실에도 유의해야 한다.

사회적 언어, 자아가 타자에게 말 걸기
- 2학년의 언어 심리

 자기중심적 말의 단계에 해당하는 1학년 시의 가장 두드러진 언어 특징은 혼잣말을 쓴다는 것이다. 혼잣말은 '자아가 자아에게 말 걸기'이다. 이 혼잣말 속에서 자아는 또 다른 자아, 곧 '주관적 의식 속의 객체'를 설정하는 경우가 많다는 것을 확인했다. '자아가 자아에게 말 걸기'에서 '자아가 타자에게 말 걸기'로 넘어가는 과정이다.

 2학년 시의 가장 큰 언어 특징은 혼잣말이 줄고, 타자에게 말 걸기가 뚜렷해진다는 것이다. 타자와의 대화 목적은 의식의 내면화다. 비고츠키의 네 가지 말의 단계 가운데 내적 말의 단계로 진입한 것으로 보인다. 그리고 의사소통을 목적으로 하는 공적인 말, 즉 사회적 언어가 사용된다는 점이다.

눈이내릴때사람들은
바닥에미끄러질까?
눈에얼으는약이있을까
나도그약을먹으면
내몸도얼겠지?난눈만
보면 신기해하느님이
얼으는약을뿌려
주실까?그럼우리집도
얼겠지?그럼우리집이
냉장고가되겠네신기한
눈일까?하느님은
대단하나도죽을때
사람들에게얼으는
약을줄 거야

-2학년 어린이시, 「**겨울눈**」

미니카야 넌왜 이러케 빠르니 넌 마법사니 요술쟁이니 궁금

하다. 내가 미니카였다면

너처럼 빠를까 미니카야 도둑이 오면 발통으로 때려 알았지
나는 건전지를 줄께

-2학년 어린이시, 「미니카」

「겨울눈」을 쓴 어린이는 아직도 자기중심적 언어, 혼잣말을 쓰고 있다. 「미니카」의 어린이는 혼잣말은 아니지만 단순히 타자에게 말 걸기로만 일관하고 있다. 두 어린이에게는 '내적 말의 단계'의 특징인 내적 조작과 외적 조작이 상호작용하며 내면화하는 뚜렷한 징후를 발견할 수가 없다. 피아제의 인지 발달 단계와 비고츠키의 언어 발달 단계에 따르면, 8세 어린이들은 이미 구체적 조작기에, 그리고 내적 말의 단계에 진입했어야 한다. 그런데 2학년 어린이들의 시에서는 상당수가 이런 자기중심적 사고에 머물러있는 점이 눈에 띈다. 왜 그럴까.

지금까지 어린이시를 분석하면서 피아제의 인지 발달 단계 구분에 있어서 전조작기의 끝, 곧 구체적 조작기의 시작을 7세(우리 나이로 치면 1학년에 해당하는 8세)로 획정한 데 대해 그 경계 지점이 8세, 곧 2학년에 있다는 것을 알았다. 차이의 원인은 한 마디로 입말과 글말을 익히는 시기에 있다. 어린이들은 입말보다 글말의

습득이 어렵고, 따라서 발달이 더디다.

가우프의 말을 들어보자.

학교 학생들에 의한 사고력과 감정의 문학적 표현은 그것들을 말로 표현하는 능력보다도 현저하게 뒤떨어져 있다. 이를 설명하는 것은 쉽지 않다. 아주 활발한 사내아이와 계집아이가 서로 이해와 관심이 가까운 사물에 대해서 이야기한다면 통상 그들로부터 생생한 서술과 기지가 있는 대답을 들을 수가 있다. 그들과의 이야기는 정말로 만족스러운 것이 된다. 아동들에게 지금 막 화제가 된 대상에 대해 완전히 자유롭게 작문을 하도록 부탁한다면 우리들은 단지 아주 빈약한 문장을 얻게 된다. 집에 계시는 아버지에게 보낸 학교 학생의 편지가 얼마나 천편일률적이고 세련되지 않은 것인가를 알게 되고 또 아버지가 집에 돌아왔을 때 그 학생이 아버지와 대화할 때 쓰는 말이 어느 정도 생생하고 풍부한가를 알게 된다. 아동이 손에 펜을 들게 된 순간 마치 쓰는 일이 그의 생각을 위협해서 방해라도 하듯이 생각이 흘러나오는 것을 멈추게 하고 있는 것같이 생각된다.

어린이들이 입말과 글말의 습득 시기와 용이성에서 차이가 나는 것은 분명한 사실이다. 그럼에도 피아제와 비고츠키는 주로 아동 의식의 발달을 어린이들의 행동과 그들의 입말을 통해 관찰했고, 나는 어린이들의 글말인 시를 통해서 살폈다. 무엇보다 피아제와 비고츠키는 어린이들의 특성을 시의 특성과 관련지어 연구하지는 않았다. 같은 문학작품이라 하더라도 산문과 운문의 속성은 어떤 면에서 서로 맞서리만큼 다르다. 그들의 연구 결과가 내 연구에서 아동성을 파악하는 주요 개념과 준거로 요긴하게 쓰이긴 했어도 세부에서 차이가 나는 것은 자연스러운 일이다.

아프냐?

아프지?

목을 돌리고 징그린 친구보고

따갑나?

따갑지?

쑥 내민 내 팔도 떠리네.

　　　　　　　　　　　　-2학년 어린이시, 「예방주사」

나는 요즘 일기를 안쓴다

수영장 갔다오면 피곤하다

학교에서 검사를 해

손바닥 두 대 맞았다

나가 벌도 섰다

일기를 왜 쓰는가

쓸일이 없으면 안쓰면 좋겠다

일기 땜에 맞다니

오늘은 참 자존심 상한다

－2학년 어린이시, 「왜」

「예방주사」는 같은 학년의 시 가운데 단연 두드러지는 작품이다. 이 시에는 시의 여러 원리, 즉 동일성, 현재성, 집중성이 거의 완벽하게 작동하고 있다. 대상과 자아의 일체감 형성에서 그렇고, 예방주사 맞는 바로 그 시점을 선택하여 현재형 시제로 실감 나게 진술하는 데서 그렇고, 시선을 주삿바늘에 집중해 팽팽한 긴장감을 표현한 시의 형식에서 그렇다. 2행 "아프지?"와 5행 "따갑지?"에서 물음표는 마침표의 오류로 보인다. 발화의 주체가 자아인지 대상인지는 중요하지 않다. 오히려 이 부분에서는 중의적 해석이 더 낫다. 중요한 것은 대상과 자아가 상호작용하여 내면화, 즉 세계의 자아화에 거뜬히 성공했다는 점이다. 이 시기 어린이의 시 쓰기 지도에 충분히 본보기로 삼을 만한 시다. 「왜」는 이 무렵 비판적 자아 또는 논리적 자아의 형성이라는 면에서, 그리고 사회적 언어를 사용하고 있다는 점에서 눈길을 끈다.

    2학년 어린이시의 가장 큰 언어 특징은 혼잣말이 줄고, 타자에게 말 걸기가 활발해진다는 것이다. 타자에게 말 걸기의 목적은 의식의 내면화이긴 하지만, 이 시기 어린이들은 대상과 자아를 분리하기 시작함으로써 시의 동일성이 점차 무너지고 있다는 사실을 보여준다. 일부 어린이들에게는 여전히 혼잣말이 눈에 띄는데, 구어체와 문어체의 발달 차이로 나타난 현상으로 이해하면 되겠다.

산문적 사고, 시적인 산문

- 3·4학년의 언어 심리

초등학교 3·4학년은 구체적 조작기 중후반, 또는 내적 언어단계에 접어든 지 서너 해가 지난 때이다. 비판적 자아와 논리적 자아가 사회적 자아로 바뀌는 시점이다. 이 무렵 어린이는 타자에게 말 걸기를 통해 이를 자아화하고 사회적 언어와 내적 언어, 곧 언어적 사고를 능숙하게 구사하고 있는가. 이 언어적 사고가 시적 사고와 시적 언어에 어떤 영향을 미칠까.

쫄깃쫄깃
인절미
찹쌀가루 반죽해서

전자레인지에 3-4분 익혀주고

보들보들 콩고물 팍팍 넣어 묻혀준다.

-3학년 어린이시, 「인절미」

나는 오늘 벽에 있는

달마할아버지를 봤다.

그런데 할아버지가

나를 집중해서 보는 것 같다.

그래서 이상했다.

나는 달마할아버지 곁을 나갔다.

-3학년 어린이시, 「달마할아버지 사진」

  3학년 어린이시의 가장 큰 특징은 대상과 자아의 분리 현상이 두드러진다는 점이다. 1·2학년 어린이들이 자기중심성으로 대상을 쉽게 자아화하거나 자아에게 말 걸기와 타자에게 말 걸기가 상호작용하는 가운데 시적 동일성을 이루던 것과는 달리 이 무렵 어린이시는 대상을 멀찍감치 관조하거나 객체화함으로써 시가 메마르고 느슨해진다. 시가 아닌 산문이 되어간다.

  접속사를 포함한 거의 정확한 어휘 사용과 규범적이면서도 능숙한 문장 진술은 이 시기 어린이의 논리적인 사고를 반영한 것이다. 어린이들의 내적 말, 즉 언어적 사고가 작동하고 있음을 보여준다.

　언어적 사고와 시적 사고는 바탕이 다르다. 언어적 사고란 논리적 기억을 사용하는 것이고, 시적 사고는 언어 이전에 대상과 맞닥뜨리면서 직관으로 교감하는 일이다. 여기서 산문과 시가 각각 발생한다. 논리적 기억은 서사가 되어 산문을 낳고, 대상과의 직관적 맞대면과 교감은 시적 동일성을 이루어 시를 낳는다. 논리적 사고, 또는 언어적 사고가 가능한 이 시기 어린이시가 시로서의 겉모습은 더 잘 갖추었으나 시적 감흥이 제대로 느껴지지 않는 것은 이런 까닭에서다. 이를테면 '시적인 산문'으로 볼 만하다. 반면, 저학년 어린이들의 시는 겉으로는 산문적으로 서술되었지만 본질적으로는 강한 시성을 가지고 있어서 '산문적인 시'라 할 수 있겠다.

　「인절미」는 대상에 대한 관찰, 또는 대상에 대한 자아의 일방적인 행위를 시간 경과에 따라 순차적으로 서술하고 있다. 자아와 대상이 한순간, 한 지점에서 만나 '쫄깃쫄깃'한 일체감을 이룬 흔적은 없다. 시행을 나누고, '쫄깃쫄깃', '보들보들' 따위의 말만 쓴다고 시가 되지는 않는다. 「달마할아버지 사진」도 날카로운 관찰력에다가 "할아버지가 나를 집중해서 보는 것 같다"는 표현 때문에 시의 집중성을 확보한 듯이 보이지만, 끝내 '나는 달마할아버지 곁을 나감'으로써 대상으로부터 자아가 분리되어 동일성 확보에 어긋났다.

다음 시들도 이 무렵 어린이들이 얼마나 산문적인 사고를 하는가, 얼마나 산문적인 언어로 시를 쓰는가를 보여준다.

① 오늘이 내가 기다리던 운동회다.
② 그런데 아침에는 좋았는데
③ 시간이 흘러가면서
너무 싫었다.
① 내가 운동회를 하는데
② 아빠가 급한 일이 있어서 먼저 갔다.
③ 오늘 운동회는 너무 싫다.

-3학년 어린이시, 「운동회」

아버지가 일찍 오셨다
우리가 한 골 넣으면
"와 잘한다"
상대가 한 골 넣으면

"야~ 야 그걸 못막고"
우리가 지면
"감독 짤라~"
아버지가 감독이시다.

-3학년 어린이 시, 「축구경기 있던 날」

「운동회」는 정확히 ①-②-③, ①-②-③의 순으로 시간의 진행에 따른 사건과 그때, 그때의 감정을 풀어놓고 있다. 전형적인 산문 진술 방식이다. 이러니 동일성도 집중성도 확보될 리 없다. 바로 '시적 산문'이다. '시적'이라는, 즉 시의 탈을 벗겨버리면, '산문'으로서의 본디 모습이 드러나고야 만다는 사실을 확인할 수 있을 것이다.

오늘이 내가 기다리던 운동회다. 그런데 아침에는 좋았는데 시간이 흘러가면서 너무 싫었다. 내가 운동회를 하는데 아빠가 급한 일이 있어서 먼저 갔다. 오늘 운동회는 너무 싫다.

-「운동회」를 행갈이나 연 구분을 하지 않고 풀어쓴 글

영락없이 일기, 곧 산문이지 않은가. 「축구경기 있던 날」도 대

상인 아버지를 줄곧 관찰만 하다가, 마지막에 가서 딱 한 번 자아가 드러나는데, 이것도 시의 주체가 아니라 객관적 판단자의 모습이다. '비판적 자아'를 유감없이 드러낸다. 「축구경기 있던 날」이라는 제목이 암시하듯 이 시는 진술의 시점에서 경험의 시점에 대한 기억을 되살리고 있다.

    4학년은 3학년에 들어와 형성되던 비판적 자아, 논리적 자아가 자아의 정체성에 대한 자각으로 내면화되면서 자아의 숨김 현상이 두드러지는 시기다. 숨겨진 자아는 내면 의식 속에서 어떤 언어 작용을 할까.

    슝슝 바람부는 날
    꼬마 빗방울
    번지 점프한다.
    처마밑에 걸린 빗방울
    번지점프 실패해서

    총총총 내려앉고
    성공한 빗방울
    또독또독 자신 있게 내려온다.

빗방울 번지 점프하는 비 오는 날

나무는 흥분하여

끄덕끄덕 춤춘다

-4학년 어린이시, 「번지점프 하는 빗방울」

공부시간에 떠들다가 걸려서 종아리 한대

공부시간에 자다가 종아리 2대 질서 안지켜서 종아리 3대

집에 와서 공부하지 않아서 10대

참다 참다 못해서 으앙 하고 울었다 울어서 또 맞고

참 불행하겠다

-4학년 어린이시, 「회초리」

    4학년 어린이시의 가장 두드러진 특징은 자아와 대상을 철저히 분리해서 대상을 객관화한다는 것이다. 자아는 대상에 대해 사뭇 객관적인 관찰자의 입장에 서게 된다. 「회초리」에서처럼 종일 회초리 사례를 받는 자아에 대해서도 마찬가지다. 자아와 대상의 심리적 거리는 그만큼 멀어지게 된다. 대상과의 진지한 대화, 곧 타자에게 말 걸기도 뜸해질 수밖에 없다. 여기서 언어학적으로 주목해야 할 현상은 대상과 자아를 모두 객관적으로 바라보다 보니

언어 자체도 객관적으로 인지하는 능력이 발달하여 모국어 규범에 꽤 충실하다는 점이다. 문법과 어휘 선택이 정확한 편이다. 발화 과정에서 수신자를 의식하고 있다. 그러나 이런 규범적인 문장과 정확한 어휘가 시를 보장하지는 못한다. 오히려 시적 사고와 언어표현에 장애가 될 수도 있다. 이 무렵 어린이들의 시에서 부쩍 동시에 대한 모방이 두드러지는 현상은 결코 우연이 아닐 것이다.

규범화된 언어, 시어의 실종
-5·6학년의 언어 심리

이 시기는 사회적 자아가 더욱 뚜렷해지지만, 눈에 보이지 않는 추상체에 대해서도 형식적 조작이 가능하기 때문에 시가 관념성을 띠게 된다. 자아의 메시지, 즉 의미만 성하고, 구체적인 형상은 사라진다. 이 무렵 어린이들은 자신을 억압하는 사회 기제들에 쉽사리 순응하기도 하지만 반발하기도 하여 그만큼 대상과 심리적 거리가 멀어진다.

우리들은 몰랐다
우리가 안쓰럽게
쳐다보는 것이

친구들을
더 불편하게 만든다는 것을

몸이 불편한 친구들에게
몸보다는 마음을
더 아프게 하고 있다는 것을

우리들을 잊고 있었다
우리가 우리와 다르게
생각하는 것이
친구들을
더 힘들게 한다는 것을
내가 아플 때처럼
몸이 불편할 뿐인
그 친구들과
우리와 똑 같은 마음을 나누며
살아아겠다.
우리들은

-5학년 어린이시, **「우리들은」**

화장실 청소를 한다
수세미에 비누를 묻히고
여기저기 골고루 닦았다
샤워기로 이쪽저쪽
깨끗이 닦았다
닦고 나니 금방 깨끗했다.

손에 비누를 묻쳐서 더
부드러웠다
친구들이 땀을 뻘뻘
흘리는 모습이
힘들었다는 생각이 들었다
엄마가 청소를 할 때도
이렇게 힘들었다는
생각도 들었다

-5학년 어린이시,「청소」

4학년 어린이시에서 보이던 언어적 사고가 더욱 활발해졌다. 어휘 선택과 문장이 이전보다 훨씬 정제되었고, 의식도 매우 규범적이다. 그럼에도 시적 감흥은 그다지 전해지지 않는다. 왜 그럴까.

「우리들은」에서는 구체적인 대상이 없다. 자아의 도덕적 관념 자체가 대상인 셈이다. 그러다 보니 관념적이고 추상적이고 도덕적인 메시지만 너절하게 이어져 있다. 이 메시지, 곧 표상된 언어는 내적 말이 드러난 현상이다. 언어 발달단계로 보면 이미 이 어린이는 상당히 진척된 내적 말의 단계에 서 있는 듯하다. 그러나 언어적 사고의 결과, 곧 메시지는 논리적 설득력과 도덕적 공감은 얻게 될지언정 시적 공감은 얻기 힘들다. 시는 자아와 대상의 직접적인 교감을 언어로 표현하는 문학이다. 시의 필요충분조건, 곧 자아, 대상, 언어 가운데 하나인 대상이 실종된 탓이다.

「청소」를 쓴 어린이도 청소라는 구체적인 상황을 시의 대상으로 하고는 있지만, 대상과 직접 교감한 것을 형상화하지 않고 대상에 대한 관념을 그대로 메시지로 표출하여 결국은 대상은 실종되고, 자아만 남아있는 꼴이 되었다. 타자에게 말 걸기를 접고, 다시 자아의 관념, 곧 내적 언어 속으로 빠져들었다. 이런 상태에서 시의 동일성을 기대하기는 어렵다. 내적 사고에 따른 메시지, 그 자체가 시가 되는 것이 아니라 메시지가 시적 언어로 형상화되었을 때 시가 된다. 메시지 자체는 추상적이지만 그것을 구체적 형상물, 즉 시적인 언어로 형상화했을 때만 시가 된다는 뜻이다.

모든 글이 다 그렇겠지만, 시를 쓴다는 것은 메시지를 어떻게 전달하느냐, 곧 메시지 처리에 대한 고민이라고 할 수 있다. 시는 이것을 숨기면서 드러내야 한다는 데 어려움이 있다. 언어의 이중성, 곧 드러냄과 숨김을 예사로이 하는 문학 갈래가 시다. 나는 시 창작 지도를 하면서 '시의 글감 고르기'에 대해서 이렇게 말하곤 한다. "메시지를 잘 살릴 수 있는 대상이 아니라, 메시지를 잘 숨길 수 있는 대상을 찾아라." 물론 어른 창작자들에게 하는 말이지만 이 시기 어린이에게 해당할 수도 있다. 저학년 어린이들은 본디 가진 아동성으로 대상과 자아를 쉽사리 동일화하기 때문에 고민할 이유도 없고, 실상 고민하지도 않지만 아동성을 거의 잃어가는 이 무렵 어린이들에겐 부딪힐 수밖에 없는 문제 상황이기 때문이다.

감옥은 모두들 무서운 곳이라고 하지만
감옥은 성스럽고 깨끗한 곳
어둡고 아무것도 보이지 않고
쇠창살과 조그마한 빛이
죄수자들을 슬프게 혹은 변함없이 만든다.
밖으로 나가고 싶은 욕망과 두려움
밖을 볼때마다 어머니를 떠올리고

그들은 그렇게 하루...이틀...

감옥을 빠져나오면 모든 죄와 두려움을

씻는다. 감옥은 사람의 마음을 따뜻하게 하는 곳

잘못한 일을 씻어 주는곳 감옥은..

성스러우며..

깨끗한 곳

-6학년 어린이시, 「감옥」

친구야

가을 하늘 저 멀리

붉게 물든

저 노을을 보았니?

저건

토담이 둘러싼

우리 할머니 집에서

내가 가지고 온 것이란다.

저건

나를 반기는

우리 할머니의

활짝 핀 웃음이란다.

친구야,

아름답지 않니?

저건

쪼글쪼글 하고

거칠거칠한

우리 할머니의 손이

나를 안을 때의

우리 할머니의

활짝 핀 웃음이란다.

-6학년 어린이시, 「친구야」

「감옥」은 감옥의 의미에 대해 직접적으로 설명하고 있고, 「친구야」는 노을의 의미를 할머니의 웃음에 비유하여 설명하고 있다. 둘 다 대상에 나름대로 의미를 부여하여 설명한다는 데 공통점이 있다. 이 시기 어린이들의 내적 언어, 나아가 언어적 사고가 꽤 높은 수준에 있음을 보여주는 현상이다. 어린이들은 자라면서 여러 가지 상황을 경험하며 이미 가지고 있던 개인적인 의미를 계속해서 재구성해 가는데, 결국 그 의미는 문화적으로 채택된 관습적인 의미, 곧 성인의 그것과 거의 유사해진다. 「친구야」의 어린이는 교과서에서 배운 동시를 통해서 노을의 의미를 재구성했고, 「감옥」의 어린이는 다른 사람, 이를테면 교사나 부모를 통해 감옥의 의미를 학습 받은 것으로 보인다. 둘 다 학습의 결과인 셈이다.

 시는 대상을 의미화하여 설명하는 것이 아니라 의미를 구체적 언어로, 독창적으로 형상화해 보여주는 것이다. 시어를 사물로 간주했던 사르트르는 "의미를 가지는 기호가 지배적인 힘을 누리는 영역, 그것이 산문이다. (중략) 시는 말을 사용하지 않고 봉사한다. 시인은 말을 기호로서가 아니라 사물로 간주하는 시적 태도를 취한다. 시인에게는 의미까지도 자연적인 것"이라고 했다. 윤리적, 사회적 의미를 전달하는 것은 산문이지 시가 아니라는 말이다.

 시가 메시지 전달에 치중하고 대상에 대해 의미를 부여하여 설명하는 현상은 산문적 사고에 익숙한 이 무렵 어린이들의 의식을 반영한 것이기도 하지만, 제대로 된 시 교육이 이루어지고 있지 않은 현실을 보여주는 단면이기도 하다.

시어, 일탈 언어

일상 언어라도 시에 쓰이면 시어가 된다. 그러나 시에 쓰인다고 모두 시어가 아니다. 시적 맥락에 놓였을 때 시어가 되는 것이다.

어린이들이 쓴 시어도 모두 어린이의 일상용어이다. 학년이 올라가면서 시에서 감각적인 언어, 곧 흉내 내는 말이 자주 나타난다. 감각적인 말이 시에 생동감을 불어넣기도 하지만, 잦으면 '감정의 과잉'과 마찬가지로 '감각의 과잉'을 노출하여 의미를 제한하고, 오히려 시를 상투적으로 만든다. 이오덕이 지적한 대로 시가 '말장난'이 될 수도 있다는 말이다.

내가 연구한 바로는 어린이가 일상에서 사용하는 언어는 지역에 따라 큰 차이를 보이지 않고 거의 평준화되어 있었다. 언어

사용의 평준화가 이루어진 데는 그만큼 강력한 사회문화적 요인과 기제가 있는 탓이다. 그것이 바로 인터넷과 텔레비전이다. 어린이들의 시에 간혹 보이는 'ㅋㅋㅋ', 'ㅠㅠ', '@@' 등의 인터넷 언어는 요즘 어린이들의 새롭게 변화된 생활과 의식을 반영하는 언어 현상으로 보인다. 일종의 일탈 언어다.

일탈 언어란 말 그대로 규범 언어에서 일탈한 언어를 말한다. 언어에서 일탈의 단위는 대개 어휘나 문장이다. 일탈 언어는 고학년으로 올라갈수록 줄어드는데, 이는 학교 교육에 따라 점점 규범적인 언어를 익혀가기 때문일 것이다. 시에 쓰이는 언어, 곧 시어의 관점에서 일탈 언어를 어떻게 바라보아야 할까. 시어는 일정한 규범이나 인위적인 형식에 매일 것이 아니라 자연발생적이고 자유스러운 것이어야 한다는 것이 근대문학의 시관이다. 오히려 시어는 규범적인 언어로부터 끊임없이 일탈하는 것을 본질, 또는 속성으로 하고 있다고 볼 수 있다.

규범화된 언어보다 사투리가 어린이시를 어린이시답게 한다는 점은 일찍이 이오덕도 지적했다. 다음과 같은 어린이시에서도 어린이들이 그들의 생활 속에서 그들이 직접 쓰는 말을 그대로 부려 씀으로써 시를 얼마나 풍족하게 하고 실감 나게 하는지를 알 수 있다. 물론 이런 사투리도 그 자체로서 가치를 지닌다기보다 시적 맥락에 놓일 때 시어로서 그 진가를 발휘하게 된다.

> 학원 갔다오면 숙제
> 잠잘 때까지 숙제
>
> 진짜 힘든 숙제
>
> "고마, 미~치겠다!"
>
> -2학년 어린이시, 「숙제」

> 학교 장난이
> 알림장에
> 적혔다.
> 우리반은 뒤집어
> 졌다.
>
> -3학년 어린이시, 「장난」

「숙제」는 단 하나의 사투리를 적절한 위치에서 구사함으로써 일순 시에 생기가 돌고, 웃음을 짓게 한다. '고마'라는 사투리의 효과이다. 이 한마디 사투리가 없었더라면, '고마'가 '그만'으로 대체되었다면, 시는 너무 싱겁게 되어버리고, '미치겠다'는 어린이의 고백 앞에서 독자는 답답하고 고통스럽기만 했을 것이다. 그러나 '고마'라는 일탈 언어가 '평이함'에 대한 불만과 우울함을 일시에 재미와 유쾌함으로 전복시켰다. 그렇다고 이 어린이의 숙제에 대한 고민을 재미로 웃어넘길 일은 아니다. 시의 언어는 의미에 대한 전복, 그리고 규범적인 언어에서의 일탈 언어라고 앞서 밝힌 바 있다.「장난」은 요즘의 세태적인 은어, 즉 '뒤집어졌다'라는 말로 시는 물론 읽는 독자로 하여금 일거에 뒤집어지게 만든 경우다.

어린이들은 그들 고유의 언어로 교사들에 의해 줄기차게 강요되는 학교 방언을 뒤집어버리며 언어의 직접적인 아름다움과 말의 선명함을 지켜가고 있는 놀라운 존재들임을 새삼 확인하게 된다.

바다는 넓다.
바다에는 숨이 없다.

바다에는 물고기가 많다.
바다에는 숨는게 많다.

바다에는 모래도 많다.

바다에서 뽀득뽀득 소리가 난다.

-1학년 어린이시, 「여러 바다」

매미는 아침

부터매암매암

해서목이아프겠

다나는매미

가너무아프까

바나라주었다

나는잡고싶었다

-1학년 어린이시, 「할머니집 매미」

엄마는 일쟁이

엄마는 일쟁이

엄마는 일쟁이

엄마 안녕

-1학년 어린이시, 「엄마」

어린이시, 특히 1학년 시에서 문장의 일탈 현상을 보는 일은 흔하다. 단순히 틀린 문장을 보는 일이 아니라 매우 시적인 일탈 현상을 볼 수 있다는 말이다. 어린이시를 읽는 또 하나의 재미다. 「여러 바다」에서 "바다에는 숨이 없다"라는 문장이 바로 일탈한 문장이다. 이 문장의 규범적인 의미맥락은 '바다에서는 숨을 쉴 수가 없다'일 것이다. 그런데 이 어린이는 '숨'의 주체를 바다의 것으로 돌려놓음으로써 바다와 자아를 동일화시켰다. 이렇듯 저학년 어린이의 동일화는 거의 반사적이고 무조건적이기 일쑤다. 그래서 시의 중의성을 한층 높이고, 시적인 문장으로 만든다. "바다에는 숨는게 많다"도 마찬가지다. 이 문장도 규범적으로 추측하면 '바다에는 숨어있는 것이 많다'가 맞겠지만, 이렇게 되면 문장이 얼마나 평이해지고, 따라서 독자의 시적 상상력을 제한할 것인가. '할머니집 매미'에서는 마지막 행 "나는잡고싶었다"가 이 시 전체의 맥락에서 일탈이다. 매미가 불쌍해서 스스로 날려 보냈는데 또 잡고 싶다니, 어린이들은 이렇듯 마냥 천사도 아니다.

「엄마」도 마지막 한 행으로서 평이함과 상투성을 일거에 전복시켰다. 이 행이 없었다면, 이오덕의 지적대로 '쟁이형 시'로 낙인 찍혀버리고 말았겠지만, 이 한마디가 앞의 모든 행에 생명을 불어넣으면서 읽는 이의 코끝을 찡하게 만들어 놓는다. 이 어린이는 매일 일만 하고 자기와 놀아주지도 않는 엄마가 원망스럽기도 하지만, 그래도 그 엄마를 끔찍하게 사랑하고, 지금 그 엄마가 마냥 보고 싶은 것이다. '엄마 안녕'이라는 말 밖에 이 어린이가 표현할 수 있는 말이 뭐가 있을 수 있을까. 이게 어린이시다.

어린이시에 나타나는 이러한 언어의 일탈은 단순한 언어상의 오류나 미숙이 아니라 세계를 그렇게 봄으로써 나타나는 자연스러운 현상이다.

책을 먼저 읽고

어린이와 시, 그 비밀의 문을 열다

임미성(시인, 국어교육학 박사)

1.

무엇을 할까 그래 장난감 가지고 놀자
근데 시시 할것 같다 그래 그 놀이를
하자 그놀이는 꼭꼭 숨어라야 근데
친구가 없내 어~ 그러면 않이야
그양 친구내 집에 집접가서 놀아야겠다.
않돼 친구내집에 가면 않될걸
엄마가그러실거야 않놀아야
지그야잘래그럼 안녕

-1학년 어린이시, 「무엇을 할까」

…… 동화가 진행되는 과정에서 '엄마'라는 억압 기제가 나타난다. 어린이정신분석학의 창시자라 불리는 안나 프로이트의 정신분석 개념에 따르면, '엄마'라는 존재에 의해 가해진 '억압'은 외부 기제가 아니라 이 시를 쓴 어린이 자아의 내부방어 기제에 해당한다. 이 어린이는 '친구네 집에 가서 놀이를 하고 싶은' 원본능을 '억압'이라는 자기방어 기제를 가지고 억누른 것이다. 물론 이를 억제한 것은 '엄마'가 아니라 어린이 자신의 '자아'다. 자아 내면의 동화, 조절을 통해 평형화를 유지한 것이다. 그 결과가 바로 "안 놀아야지. 그냥 잘래"라는 표현이다.

여기서 매우 흥미로운 지점이 있다. "그럼 안녕"이란 끝부분인데, 누가 누구에게 '안녕'이라고 말하는 것인가? 바로 어린이의 자아가 자아에게 한 말이다.

단순하기도 하고 엉뚱하기도 한, 도무지 시라고 보기에는 시적 형상화가 전혀 되어있지 않은 듯한, 이 한 편의 어린이시를 읽는 데에도 지은이는 시학, 교육학, 심리학, 아동학, 언어학을 넘나드는 이론과 주요 개념들을 자유로이 부려 쓰고 있다.

이 정도는 돼야 초등교육전문가라 자부할 수 있지 않겠는가. 실제 저자는 초등교사의 전문성이 교과 지식의 이해에 있는 것이 아니라 초등교육 대상인 아동에 대한 이해에 있다고 역설한다. 이 책의 원고를 읽는 내내 동감과 부끄러움을 동반한 이유다. 지금까지 시를 쓰고 20년 넘게 아이들을 가르쳐 오면서 정작 시와 어린이에 대해 너무 몰랐다는 사실이 부끄러웠고, 어린이와 시에 대한 최초의 현장 연구 보고서라 할 만한 저자의 새로운 '어린이시론'에 크게 공감하지 않을 수 없었기 때문이다.

2.
이 책의 교정 원고와 함께 보내온 저자의 박사 학위 논문인 『어린이시의 생성심리와 표현상의 특징』에서 저자는 지금까지의 어린이문학, 어린이문학교육과 관련한 여러 논점들을 문학, 교육학, 아동심리학, 언어학을 아우르는 해박한 이론과 오랜 글쓰기 경험을 바탕으로 '어린이시론'을 전문가가 아닌 일반인들도 솔깃해지도록 정리해 냈다. 학위 논문이라고는 믿기 어려울 만큼 시종 쉽고 명쾌한 논리로 눈길을 사로잡았다.

초등교사로서도 시인으로서도 아동문학평론가로서도 나보다 한참이나 선배인 저자가 이 책을 추천하는 글을 무명의 후배에게 청탁한 이유는 분명해 보인다. 추천 글을 청탁하면서 미리 내게 그 이유를 밝혀주었다. 같은 길을 걸어온 초등교사로서, 창작자로서, 국어교육학 전공자로서 이 책의 유용성과 한계를 밝혀서 독자들에게 도움이 될 수 있는 길라잡이 글을 써달라는 것이었다.

3.

첫 번째 장에서는 어린이시를 읽는 세 개의 코드, 즉 어린이시를 읽는 데 필요한 주요 개념과 용어를 설명하고 있다. '어린이시', '아동성', '시성'이 그것이다. 저자는 어린이시를 '어린이 스스로 아동성에 따라 쓴 시'로 정의한다. 일반적으로 아동시, 또는 어린이시를 '어린이가 직접 쓴 시'로 정의하는 것에 비해 아동성이란 전제 조건을 하나 더 달고 있다. '아동성'을 아동시가 갖추어야 할 또 하나의 부수적인 조건 정도가 아니라 반드시 갖추어야 할 필수조건으로 보는 것이다. 비록 어린이가 쓴 시라도 아동성을 따르지 않고 어른이 쓴 동시를 모방한 시는 어린이시가 될 수 없다고 주장한다. 저자는 이런 시를 동시 모작 또는 동시 습작으로 취급한다.

저자는 동심과 아동성은 구분된다고 설명하고 있다. 동심이 다분히 문학적 관점에서 아동에 대해 어른들이 유추한 주관적인 견해인 데 비해 아동성은 어린이에게만 있는 어린이만의 고유한 인지 특성이자 성향이라는 것이다.

저자는 초등교사로서 현장에서 익힌 경험에 더하여 피아제와 비고츠키 등의 인지 발달 이론을 분석하여 아동성을 크게 동일성, 현재성(평면성), 집중성으로 파악한다. 자아와 대상을 동일체로 보는 동일성, 모든 시간을 현재화하고 평면적으로 인식하는 현재성, 지각의 중심에 놓인 것에 집중하고 몰두하는 의식 성향인 집중성을 시의 속성, 즉 시성이라고 보는데 '어린이는 모두가 시인'이라고 하는 것은 아동성 자체가 바로 시성과 상통하기 때문이라고 말한다. 두 번째 장에서 네 번째 장까지는 어린이시를 사례로 삼아 어린이시에 나타나는 어린이들의 심리를 '자아의식', '관계 인식', '언어 심리'로 범주화해서 살피고 있다.

4.
이 연구의 성과와 가치는 무엇보다 문학의 영역으로서 '시'의 속성과 교육의 영역으로서 '어린이'의 속성을 함께 살핀 데 있다. 이는 초등문학교육, 특히 이미 교육과정으로 수렴하고 있는 시 쓰기의 방법론을 세우는 단서를 제공할 매우 중요하고도 필요한 작업이다. 누군가는 해야 할, 그러나 누구도 쉬 엄두를 낼 수 없었던 이 일은 저자가 30여 년 경력을 가진 초등교사에다 시와 평론을 아우르는 창작자이면서 교육학을 전공한 연구자이기에 가능했을 것이다.

최초의 어린이시론서로 어린이에 대한 이해와 어린이시 읽기의 새로운 시각을 제공하는 이 책의 또 다른 미덕이자 장점은 내용뿐만 아니라 비문이라곤 거의 찾아볼 수 없는 짧고, 쉽고, 명료한 문장으로 글쓰기의 전범을 보여주고 있다는 것이다.

　이 책을 읽는 독자들이 '어린이'와 '시'의 비밀에 한 걸음 더 다가가길 기대한다.